재미없는 영화,
끝까지 보는 게 좋을까?

질문하는 사회 04

재미없는 영화, 끝까지 보는 게 좋을까?

경제

박정호 글 이우일 그림

나무를 심는 사람들

후회 없는 선택,
경제학이 도와준다

'늦잠 자서 학교에 지각하게 되었을 때, 멀리 돌아가는 버스 대신
택시를 타고 학교 정문 바로 앞에 내린다. 서둘러 등교하다 보니
준비물을 미처 챙겨 오지 못했을 때, 문방구에서 새로 하나 더 사
면 그만이다. 방과 후 하굣길에 친구들과 분식점에서 떡볶이를 먹
을지, 순대를 먹을지, 튀김을 먹을지 고민이 되어 그냥 모두 다 주
문했다.'

위에서 열거한 상황들은 현실에서는 좀처럼 실현되기 어려
운 그야말로 꿈같은 이야기이다. 물질에 대한 사람들의 욕망은 끝
이 없지만 경제적 자원은 한정되어 있어서 우리는 무언가를 선택
하기 위해서는 반드시 무언가를 포기해야만 한다.

경제학은 인간의 여러 선택 행위에 관심을 갖고 있다. 언제
어떤 것을 소비할 때 보다 큰 만족감을 얻게 되는지를 고민하는
학문이 경제학이다. 따라서 앞선 예시에서 택시를 타는 대신 간식
을 포기하는 게 더 좋을지, 아니면 간식을 먹는 대신 택시나 준비
물 구입을 포기하는 게 더 좋을지가 궁금하다면 경제학에게 물어

보면 된다.

경제학의 관심사는 일상 속 소소한 소비 활동에 국한되지 않는다. CEO가 되어 회사를 경영하게 되면 금리, 물가, 환율 등 여러 경제 상황들을 명확히 이해할 수 있는 능력은 선택이 아닌 필수이다. 고위 공직자가 되어 도시를 건설하는 것이 좋을지 아니면 환경을 있는 그대로 보존하는 게 좋을지가 고민된다면 이 역시 경제학으로부터 답을 얻을 수 있다. 판사가 되어 범죄자에게 얼마만큼의 형벌을 내려야 범죄를 예방할 수 있는지가 궁금하다면 역시 경제학 서적을 들여다봐야 한다.

특히 경제학은 앞으로 인생을 살아가는 데 있어 수많은 선택을 앞두고 있는 우리 청소년들에게는 더욱 유용한 학문이라 할 것이다. 성공한 인생, 풍요로운 인생, 후회 없는 인생을 살기 위해 경제학에 첫발을 내딛어 볼 것을 권하고 싶다.

차례

6장
우리는 왜
외국과 교역을 할까?

7장
행복한 미래를 위한
경제학

• 에필로그

1

내 꿈은 셰프인데, 왜 경제학을 알아야 하지?

우리는 평생 선택의 문제에 직면해 있다. 매일매일의 일상 생활은 수많은 선택의 결과들로 구성된다 해도 과언이 아니다. 아침에 일어나 등교할 때 지하철을 탈지 버스를 탈지 결정해야 하고, 학교에서는 급식으로 나오는 음식 가운데 무엇을 먹을지 선택해야 한다. 방과 후 집에 와서는 TV를 볼지 친구들과 놀지 결정해야 한다. '주말에 뭘 하면서 시간을 보낼까?'에서부터 '어떤 과에 진학할까?', '취업을 할까? 아니면 자영업을 할까?', '누구랑 결혼할까?', '어디서 살아야 할까?' 등등 삶은 선택의 연속이다.

이처럼 우리가 '선택'의 문제에 직면하게 된 것은 주어진 자원은 한정되어 있지만 우리의 욕망은 무한하기 때문이다. 경제학에서는 이처럼 우리의 욕망에 비해 자원이 부족한 상황을 '자원의 희소성'이라 부른다. 방과 후 친구랑 간식도 먹고 싶고, PC방도 가고 싶을 것이다. 하지만 내가 쓸 수 있는 용돈은 한정되어 있기 때문에 둘 중에 무엇을 선택해야 보다 즐거워질지 고민하게 된다.

희소한 자원은 돈만이 아니다. 시간도 한정되어 있다. 중간고사가 얼마 안 남았을 때를 떠올려 보자. 내일이 시험인데 잠자기

전 한 시간 동안 어떤 과목을 공부해야 할지 고민해 본 경험이 있을 것이다. 물론 한 시간을 더 공부할지 아니면 한 시간을 더 자고 맑은 정신으로 시험을 보러 갈지에 대한 고민 역시 마찬가지다. 이처럼 자원의 희소성은 우리를 선택의 문제에 직면하게 만드는 가장 근원적인 이유이다.

> 66 용돈이 턱없이 모자란다,
> 떡볶이도 먹어야 하고,
> 청바지도 사야 한다,
> 경제학이 도움을 줄까?

경제학은 바로 선택의 고민을 덜어 주기 위해 탄생했다. 즉 경제학은 이러한 수많은 선택의 순간에 합리적인 결정을 내릴 수 있게 도와주는 학문이다. 경제학이 탄생하기 이전까지 인류는 무엇을 선택해야 더 큰 만족감을 얻게 될지, 무엇을 선택해야 더 큰 돈을 벌 수 있는지에 대한 체계적인 방법을 알지 못했다. 하지만 경제학으로 인해 우리는 여러 대안 중에서 가장 커다란 만족감을

자원의 희소성 인간의 욕망은 무한한 데 비해 이를 충족시켜 줄 자원이 한정되어 있는 것을 '자원의 희소성'이라 한다. 자원의 희소성은 자원의 절대량이 부족한 것을 의미하지는 않으며 인간의 욕구에 따라 상대적이다. 자원의 존재량이 아무리 적어도 사람들이 그 자원을 원하지 않으면 희소한 자원이 아니다.

주는 선택이 무엇인지를 쉽게 선별할 수 있게 되었고, 이러한 만족감을 이왕이면 보다 저렴한 비용으로 획득할 수 있는 방법을 알게 되었다.

성공한 인생이란 성공적인 선택의 결과물이다. 인생의 중요한 시기마다 직면하게 되는 수많은 선택의 순간에 얼마나 올바른 결정을 내렸느냐가 결국 성공한 인생을 결정짓는다. 우리가 경제학에 주목해야 하는 이유가 바로 여기에 있으며, 장래 희망이 경제학자가 아닌 사람들도 경제학에 주목해야 하는 이유이다.

2

사람은 과연 합리적일까?

다 먹을 수 있다고!

편의점에 가면 두 개를 사면 하나를 공짜로 주는 과자나 음료수가 있다. 이때 한 개만 사면 몹시 손해를 보는 느낌이 들기 때문에 한 개만 필요해도 두 개 값을 치르고 세 개를 받는다. 심지어는 다른 과자를 사러 갔는데 그 과자를 고르기도 한다. 아무리 생각해도 비합리적인 행동이다. 우리는 언제쯤 합리적이고 현명해질까? 과연 인간은 합리적이긴 한 것일까?

18세기 경제학의 아버지로 불리는 애덤 스미스가 『국부론』을 집필하면서 탄생한 경제학은 인간을 완벽한 합리성을 갖춘 존재로 가정해 왔다. 따라서 합리적인 경제 활동에 필요한 다양한 지식과 정보가 주어진다면, 인간은 언제나 최선의 선택을 할 수 있다고 믿어 왔다. 하지만 경제학자들은 이미 알고 있었다. 인간은 그렇게 합리적인 존재가 아니라는 사실을. 그래서 그들은 늘 경제 교과서에 '이론적으로는' 내지 '원칙적으로는'이라는 단서를 붙여야만 했다.

실제 우리의 일상생활은 비합리적인 판단의 연속일 때가 많다. 인간이 합리적이라면 외적 환경 변화와 관계없이 자신에게 가장 큰 만족을 가져다 줄 수 있는 방식으로 행동하면 된다. 하지만 실상은 그렇지 않다. 뷔페식당에 가면 자기가 먹고 싶은 음식을 먹고 싶은 만큼 먹는 것이 당연하다. 하지만 실제로는 뷔페식당에서 음식을 어떤 방식으로 진열하는지에 따라 요리별 소비량이 달라진다.

물건을 구매할 때도 마찬가지다. 맘에 들지 않는 물건인데도 유행하기 때문에 구매하기도 하고, 반대로 맘에 드는 물건인데도 친구가 먼저 샀기 때문에 다른 물건을 구매하기도 한다. 때로는 문화적인 이유로 행동에 제약을 받는다. 종교적인 이유로 돼지고기를 먹지 못하는 사람, 반대로 쇠고기를 먹지 못하는 사람들이 있다. 이들 지역에서는 해당 가축이 효율적으로 사용되지 못하고 길가에 방치되는 경우가 많다.

당장 필요 없어도
세일하면 사고,
뷔페에 가면 배 터지게 먹는다.
나는 합리적일까?

이러한 인간의 비합리성은 18세기 이후 200여 년 동안 경제학에서 외면당해 오다 허버트 사이먼 교수에 의해 처음으로 수정되었다. 그는 인간을 '제한된 합리성'을 가진 존재로 규정하였고, 제한적 합리성을 가진 인간은 언제나 완벽하게 합리적인 상태에 도달할 수 없음을 인정해야 한다고 역설하였다. 이러한 사이먼 교수의 주장 덕분에 경제학은 실제 인간의 모습을 바탕으로 발전할 수 있는 토대를 갖추게 되었고, 200여 년 동안 경제학이 유지해 왔던 인간에 대한 대전제가 수정되었다. 이제 경제학은 "인간은 가끔, 아니 자주 어리석게 행동한다"는 실상을 바로 보게 되었다.

사이먼 교수는 이러한 공로를 인정받아 1978년 노벨 경제학상을 받았다.

우리 모두는 앞으로도 영원히 완벽하게 합리적인 존재가 될 수는 없다. 그럼에도 불구하고 뭔가 새로운 것을 선택하거나 판단할 때마다 자신이 옳고 상대방이 틀리다고 확신한다. 그리고 언제나 그렇듯 또다시 후회한다. 우리는 절반만 합리적이기 때문이다.

3

코닥은 왜 디카를 포기했을까?

무언가를 선택하기 위해 다른 무언가를 포기해야 할 때가 종종 있다. TV를 시청하려면 운동이나 독서를 포기해야 하며, 이과를 가려면 문과를 포기해야 한다. 그렇다면 포기를 잘하는 방법도 있을까?

경제학자들은 일찍부터 합리적인 선택을 위해서는 잘 포기하는 방법부터 찾아야 한다는 사실에 주목했다. 이에 관해 중요한 시사점을 던져 주는 사례가 바로 디지털카메라이다. 세계적인 기업 코닥사는 세계 최초로 디지털카메라를 발명해 놓고 이를 활용할 수 없었다고 한다. 과연 그들은 왜 디지털카메라를 개발해 놓고도 포기한 것일까?

코닥사는 1892년 창업한 이래 110년 이상 필름과 인화지 시장에서 세계 1위를 차지한 기업이다. 전성기인 1976년 코닥사의 미국 시장 점유율은 필름 90%, 카메라 85%에 이르렀다고 한다. 그야말로 필름 하면 코닥이었다. 코닥사는 자신들의 막대한 수익을 바탕으로 다양한 신기술 개발을 추진해 왔다. 그 결과 오늘날 우리가 사용하는 디지털카메라 기술을 가장 먼저 개발하였다.

그러나 역설적이게도 코닥사는 자신들이 가장 먼저 개발한 디지털카메라 기술을 적극 활용하기를 주저하였고, 계속해서 필름 시장을 고집하였다. 결국 디지털카메라에 필름 시장이 잠식당하며 몰락이 시작됐고, 급기야 2012년 1월 파산 보호를 신청했다. 코닥사가 디지털카메라 기술을 개발해 놓고도 몰락하게 된 것은 디지털카메라가 향후 대세임을 인식하지 못했기 때문은 결코 아니다. 그것은 다름 아닌 기회비용 때문이다.

떡볶이를 골랐을 때 포기한 김밥이 기회비용이라니 이게 뭔 소리일까?

기회비용이란 무언가를 선택함으로 인해 포기한 것 중 가장 가치가 큰 것을 의미한다. 예를 들어 식당에서 메뉴를 고르고 있는 상황을 떠올려 보자. 메뉴는 떡볶이, 김밥, 순대로, 세 종류 중 하나만 고를 수 있다. 이때 각각을 선택했을 때 누릴 수 있는 만족감이 100, 80, 50이라고 가정해 보자. 만약 떡볶이를 선택했다면, 선택하지 않은 김밥과 순대 중에서 가치가 큰 김밥 80이 기회비용에 해당한다. 만약 김밥을 선택했다면 포기한 떡볶이로 인한 만족감 100이 기회비용에 해당한다. 순대를 선택할 때도 마찬가지로 떡볶이 100이 기회비용에 해당한다. 따라서 우리가 합리적인 선택을 하기 위해서는 기회비용이 가장 적은 방식으로 선택해야 한다.

다시 코닥사의 사례로 돌아가 보자. 코닥사의 경영진은 디지털카메라 기술을 개발해 놓고도 이를 적극 활용하기를 주저했다. 필름 카메라 시장에서 세계 최고의 수익을 거두고 있는 상황에서 이를 포기하고 디지털카메라라는 새로운 제품을 생산하기란 결코 쉽지 않았다. 결국 코닥사는 기존 필름 시장에 대한 기회비용에 집착해서 새로운 혁신을 적극적으로 해 나가는 것을 주저했고, 어쩔 수 없이 쇠퇴의 길로 접어든 것이다.

이러한 코닥사의 사례는 우리가 기회비용을 어떻게 받아들여야 하는지에 대해 중요한 시사점을 제시해 준다. 기회비용은 분명 합리적인 선택을 하기 위한 유용한 도구이다. 기회비용을 고려한 선택을 통해서 우리는 일상생활 속에서 적지 않은 성과를 얻게 될 것이다. 하지만 지나치게 기회비용에 집착하여 행동할 경우에는 혁신적인 성과를 거두지 못할 수도 있다.

대부분의 사람들은 스티브 잡스나 빌 게이츠와 같은 인물들을 존경한다. 하지만 정작 대학을 졸업할 즈음이면 자신이 동경하던 인물을 따라 창업을 선택하기보다는 안정적인 직업을 선호한다. 우리가 이 같은 이중적인 모습을 보이게 되는 이유도 기회비용에 집착하여 더 큰 혁신을 멀리한 결과가 아닌가 싶다.

재미없는 영화, 끝까지 보는 게 좋을까?

중간고사가 끝나고 모처럼 영화관을 찾았다. 그런데 정작 영화가 재미없다. 이럴 때면 참으로 고민스럽다. 오랜만에 영화관에 왔으니 재미없어도 끝까지 봐야 할지 아니면 중간에 나와 친구들과 PC방이라도 가야 할지 정말 갈등이다. 이럴 때 어떤 선택을 하는 게 좋을까?

영화가 재미없어도 대부분의 사람들은 영화를 끝까지 보고 나온다. 영화 티켓 값이 아깝기 때문이다. 이처럼 잘못된 선택이었음에도 불구하고 끝까지 이를 유지하는 경우가 종종 있는데 이는 경제적으로 올바른 일일까?

경제학에서는 잘못된 판단으로 인해 지불된 금액은 철저히 배제하는 것이 합리적인 의사 결정을 이끌어 낼 수 있는 방법이라고 말한다. 공연을 보러 갔는데 공연이 생각과는 달리 전혀 재미가 없고 지루하기만 한데도, 입장료가 아깝기 때문에 계속해서 공연을 봐야 한다고 결정하는 경우가 종종 있다. 그러나 이는 전혀 합리적인 의사 결정이 아니다. 입장료는 공연을 끝까지 보든지 중간에 그만 보고 나오든지 간에 이미 지불된 비용이다. 즉 돌이킬 수 없는 비용이다. 이러한 돌이킬 수 없는 비용이 아까워 남은 시간을 지루한 시간으로 꽉 채우기보다는 공연장을 나와 다른 재미있는 놀 거리를 찾는 것이 훨씬 개인의 만족을 높이는 행위가 될 수 있다.

우리는 가족과 함께 주말을 보낼 때도 종종 돌이킬 수 없는 비용 때문에 잘못된 의사 결정을 한다. 등산을 좋아하는 가족이 주말에 비가 온다는 일기 예보를 보고 등산을 취소하고, 모처럼의 가족 모임이기에 썩 내키지 않았던 콘서트의 티켓을 예매했다고 하자. 정작 주말이 되자 날씨가 화창해서 등산 가기 좋은 상황이 된다 하더라도 이들은 콘서트 티켓이 환불되지 않는다는 이유로 콘서트를 선택할 가능성이 높다. 이 역시 잘못된 의사 결정이라 할 수 있다. 돌이킬 수 없는 비용인 콘서트 티켓 가격을 배제하고, 가족끼리 어떻게 하는 것이 주말을 가장 즐겁게 보낼 수 있는 일인지를 생각했다면, 자신들이 좋아하는 등산을 선택했어야 한다.

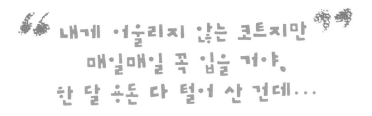

내게 어울리지 않는 코트지만
매일매일 꼭 입을 거야,
한 달 용돈 다 털어 산 건데...

경제학에서는 이미 발생하여 회수가 불가능한 비용을 매몰 비용이라 말한다. 이미 지불하여 돌이킬 수 없는 일련의 비용은 미래의 비용이나 편익에 아무런 영향을 미치지 못한다. 따라서 경제적

매몰 비용 매몰 비용은 이미 매몰(파묻힘)되어서 다시 되돌릴 수 없는 비용을 말한다. 일단 지출하고 나면 회수할 수 없는 비용이며, 함몰 비용이라고도 한다. 인간에겐 돈이나 노력, 시간 등을 쏟아 붓고 나면 그것을 계속 유지하려는 성향이 있는데, 이를 '매몰 비용 효과'라고 한다. 주로 자신의 과오를 인정하기 싫어하기 때문에 발생한다.

판단이 필요할 때, 이전에 투입된 비용이 합리적으로 지출되었든 비합리적으로 지출되었든 간에 전혀 고려 대상이 아니다.

　　매몰 비용을 고려한 잘못된 의사 결정을 저지르는 것은 개인 뿐만이 아니다. 세계적인 초음속 여객기인 콩코드 여객기 개발 사업 역시 매몰 비용을 고려한 잘못된 의사 결정의 사례 중 하나이다. 프랑스 정부가 초음속 여객기 개발 계획을 발표했을 때, 많은 국민과 학자들이 천문학적인 비용이 들어가는 콩코드 여객기 개발은 경제성이 없다는 이유로 우려의 목소리를 높였다. 하지만 당시 프랑스 정부는 이미 지불된 금액이 적지 않은 상황에서 개발을 중단하기를 주저했으며, 결국 1976년 콩코드 비행기는 완성되었다. 콩코드 비행기는 비행기 기체 결함과 만성적인 적자에 허덕이다가 2003년 11월 결국 사업을 중단했다. 이에 매몰 비용을 고려한 잘못된 의사 결정의 오류를 '콩코드 오류'라 부르게 되었다.

5

친구들이 사는 청바지는 나도 사야 한다고?

우리는 물건을 살 때 여러 가지 조건을 고려한다. 하지만 어떤 경우에는 친구들이 사는 것을 보고 덩달아 사기도 한다. 반대로 너무 많은 사람들이 산 물건에 대해서는 오히려 사고 싶었던 마음을 접는 경우도 많다. 우리는 왜 이렇게 극단적으로 다르게 행동할까?

경제학은 일찍부터 상품을 구매하는 행동들을 주목하고, 이를 규명하는 다양한 이론을 제시해 왔다. 상품을 구매하는 현상과 관련된 대표적인 이론으로 밴드왜건 효과와 스놉 효과가 있다.

밴드왜건 효과는 사람들이 많이 소비하는 재화를 나도 덩달아 소비하는 것을 말하는데, 유행에 동조함으로써 무리에서 소외되지 않으려는 심리에서 비롯된다. 원래 밴드왜건이란 미국 서부 개척 시대의 마차를 가리킨다. 당시 많은 사람들이 황금을 찾아 서부로 떠날 때 덩달아 서부로 간 사람들이 많다는 사실에 빗대어 이러한 소비 행위를 표현하게 되었다.

요즘 밴드왜건은 행렬의 맨 앞에서 연주하는 악대 차를 뜻한다. 밴드왜건이 지나가면 사람들이 궁금해서 몰려들고, 점점 많은 사람들이 뒤따르게 되는 것에 빗대어 밴드왜건 효과는 남이 하면 나도 따라하는 의사 결정을 의미한다.

스놉 효과는 남들이 갖고 있지 않은 물건을 소유하고 싶은 욕구 때문에 유발된다. 유행이 불어 많은 사람들이 구매한 물품에 대해 사람들이 흥미를 잃어버리는 경우가 여기에 해당한다. 자신을 다른 사람과 구별 지으려는 태도가 마치 속물과 같다고 해서 스놉(snob 속물) 효과라고 부르게 되었다. 까마귀 떼 속에서 혼자 떨어져 고고한 자태를 뽐내는 백로의 모습과 같다고 해서 백로 효과라고도 한다.

너는 친구들이 사면
덩달아 사니?
아니면 절대 안 사니?

이러한 밴드왜건 효과와 스놉 효과를 가장 흔히 목격할 수 있는 재화는 단연 옷이다. 특정 브랜드의 청바지가 유행하자 나도 덩달아 샀던 경험이나 정반대로 다른 사람들이 너도 나도 구입해 너무 흔해 보여서 구매를 포기했던 경험을 떠올려 본다면 이러한 사실들을 쉽게 이해할 수 있을 것이다.

비단 옷뿐만 아니라 음악에서도 밴드왜건 효과와 스놉 효과는 쉽게 확인할 수 있다. 친구들이 좋아하는 아이돌 가수의 음악을 덩달아 좋아하기도 하지만, 이와는 반대로 다른 친구가 좋아한다는 이유만으로 오히려 그 가수가 싫어지고 나만 즐겨 듣는 노래를 찾을 때가 있다. 이 역시 친구의 소비로 인해 나의 소비가 영향을 받은 결과이다.

이처럼 개인의 소비 행위는 다른 사람의 소비 행위로부터 영향을 받을 뿐만 아니라 이 과정에서 합리적인 경제 활동이 왜곡되기도 한다. 원래 경제학에서는 기본적으로 개별 소비자들은 다른 사람의 소비와는 관계없이 자신의 필요에 따라 구매를 결정한다고 보았다. 그러나 실제로 우리가 일상생활에서 목격하게 되는 소비 행태는 반드시 그런 것만은 아니다. 다른 사람의 소비 행태에 영향을 받아 이루어지는 일련의 소비 행태들을 저명한 경제학자 라이벤슈타인은 비합리적인 선택이라고 꼬집으면서 이를 '비기능적 수요'라고 불렀다.

어찌 보면 합리적인 소비 생활을 하기 위해서는 주변인의 소비 활동에 영향을 받지 않는 자신만의 고집도 필요한 것이 아닌가 싶다.

6 경제학과 경영학이 자꾸 헷갈린다고?

경제학

국가

시장

경영학

기업

마케팅

경제학은 뭐고 경영학은 뭘까? 둘 다 돈을 연구하는 학문 아닌가? 나는 상경 계열이 적성에 맞는 것 같은데 어떤 과를 선택해야 할지 모르겠다. 형에게 물어봤더니 "경제학이나 경영학이나 그게 그거야"라고 한다. 둘 다 똑같으면 왜 나눠져 있을까?

새로운 개념을 배울 때 효율적으로 배우는 방법 중 하나는 혼동하기 쉬운 대상과 비교하는 것이다. 세포의 개념이 헷갈리면 바이러스와 세포가 어떻게 다른지를 비교함으로써 보다 분명히 이해할 수 있다. 경제학 역시 경영학과 비교함으로써 경제학이 어떠한 학문인지 보다 구체적으로 이해할 수 있다.

우선 경제학과 경영학은 공부하는 대상부터 다르다. 경제학의 학문적 주어는 국가다. 경제학에서 다루고 있는 여러 가지 경제 용어들을 떠올려 보자. 물가, 환율, 금리 이런 것들이다. 국가의 금리가 어떤지, 국가의 환율이 어떤지, 국가의 물가 지수가 어떤지 등등 국가 단위의 여러 현상을 진단하는 학문이 바로 경제학이다.

하지만 경영학의 관심 대상은 다르다. 경영학의 연구 대상이자 학문적 주어는 기업이다. 재무, 회계, 마케팅 등 경영학은 기업을 보다 효율적으로 운영하기 위해 고민해야 할 부분들을 공부하는 학문이다.

경제학과 경영학은 시장을 바라보는 방식도 다르다. 경제학은 시장 상황을 분석하는 학문인 데 반해 경영학은 시장 상황을 변화시키는 학문이라 할 수 있다. 경제학 교과서에서 가장 많이 나오는 단어를 하나 꼽자면 단연 '시장(Market)'을 꼽을 수 있다. 완전 경쟁 시장, 시장 가격, 독점 시장 등 다양한 용어에서 시장이라는 단어를 마주치게 된다. 이처럼 경제학은 현재 시장이 어떤 상황인지를 분석하는 학문이다.

경제학이나 경영학이나 그게 그거지, 이렇게 생각하면 무식한 거라고?

하지만 경영학은 다르다. 경영학 교과서에서 우리가 흔히 목격할 수 있는 단어 중 하나가 '마케팅(Marketing)'이다. 즉 시장을 고정된 것으로 보는 것이 아니라 진행형(Market+ing)으로 바라보며 변화시키는 방법을 모색한다. 경영학은 내 고객이 아닌 고객을 내 고객으로 바꾸고, 내 시장이 아닌 시장을 내 시장으로 바꾸는 전략을 고민하는 학문이다. 마케팅뿐 아니라 경영학에서 다루는 다른 주제들인 소비자, 기업 조직, 인사 관리 역시 기업 내부 구성원의 역량을 변화시켜 시장에서 기업의 입지를 바꿀 수 있는 방법을 찾고자 한다. 이처럼 경제학은 시장을 보다 분석적으로 바라보지만, 경영학은 시장을 변화시킬 대상으로 바라본다.

이 때문에 경제학과 경영학을 공부할 때 필요한 요소들이 서로 다르다. 시장 상황을 분석하기 위한 경제학을 공부하려면 통계적인 방법, 수리적인 방법 등에 능숙해야 한다. 객관적인 수치를 통해 시장 상황을 제시할 수 있어야 하기 때문이다. 이에 반해 시장 상황을 바꾸기 위한 경영학을 공부하려면 리더십, 커뮤니케이션 스킬 등이 요구된다. 나 혼자만의 힘으로는 시장 상황을 바꿀 수 없다. 따라서 동료들을 설득할 수 있는 능력이 병행되어야 하는 것이다. 이처럼 경제학과 경영학은 비슷한 것 같지만 서로 분명히 다른 분야이다.

2장

경제를 알면
시장이
보인다

7

운동화가 있는데 자꾸만 또 사는 이유는?

신발장을 열어 보면, 한때는 자주 신었지만 지금은 좀처럼 신지 않는 신발들이 즐비하다. 비단 신발뿐만 아니라 집안 곳곳에는 한때는 즐겨 사용했지만 지금은 사용하지 않는 물건들이 존재한다. 게다가 이미 충분히 갖고 있는데도 또다시 구매하여 거의 사용하지 않은 물건들을 쉽게 찾을 수 있다. 우리는 왜 굳이 필요하지도 않는 물건을 자꾸만 또 사는 것일까?

우리가 뭔가를 간절히 갖고 싶다고 마음먹게 되는 이유는 해당 물건을 직접 눈으로 보고 난 다음이다. 이러한 관점에서 보면 만약 우리가 1890년 이전에 살았다면 운동화를 원하는 사람은 아무도 없었을 것이다. 왜냐하면 운동화는 1892년에 처음 발명되어 그 이전에는 운동화란 지구상에 존재하지 않는 물건이었기 때문이다.

고무 밑창과 캔버스 천 내지 가죽으로 만든 운동화를 처음 제작한 회사는 신발 회사가 아닌 타이어 회사였다. 고무로 타이어를 제작하던 사람들은 고무로 신발 밑창을 만들면 또각또각 소리가 나지 않을 뿐만 아니라 가볍게 걸을 수 있다는 사실에 주목하게 되었다. 이에 타이어 제작사인 US러버사가 1892년 최초로 운동화를 제작하였고, 상품명을 '스니커'로 정하였다. 오늘날 운동화류를 '스니커'로 지칭하게 된 배경이 여기에 있다.

US러버사가 운동화를 개발한 이후 사람들은 운동화를 구매할지 고민할 수 있었다. 하지만 초창기 운동화는 일상생활에서는 비교적 편리하게 신을 수 있었지만, 정작 기민하게 움직여야 하는 운동선수들에게는 무겁고 불편한 신발에 지나지 않았다. 이 사실에 주목한 사람은 오리건 대학 육상 선수였던 필 나이트였다.

66 멀쩡한 스마트폰이 있는데 왜 또 스마트폰을 사고 싶을까?

필 나이트는 대학을 졸업한 뒤 운동을 그만두고 운동화 제작 사업에 뛰어든다. 그는 자신이 직접 육상 선수로 활동한 경험을 바탕으로 선수들의 특성에 부합하는 운동화를 제작하기 위해 끊임없는 연구 개발을 지속하였고, 1964년에는 미국 육상 경기 대회장에서 자신이 개발한 운동화를 직접 판매하였다. 1968년에 필 나이트는 자신이 개발한 운동화 이름을 '나이키'라 명명하였다.

나이키 운동화가 많은 사람들에게 알려진 것은 1970년이었다. 전설적인 육상 선수 스티브 프리폰테인 선수가 나이키 운동화를 신고 대회에 참가하여 중거리 종목 7개에서 모두 신기록을 갈아 치웠기 때문이다. 이후 많은 운동선수들이 자신의 기록을 갱신하기 위해 나이키 운동화를 구매하게 되었다.

하지만 이때까지만 해도 나이키사는 오늘날과 같이 다양한 운동화를 공급하지는 않았다. 당시 나이키사가 공급하는 운동화는 5종류에 불과했다. 이러한 상황에서 다양한 종류의 나이키 운동화를 갖고 싶어 했던 사람이라 하더라도 5켤레 이상을 머릿속에 떠올리는 사람은 아마 없었을 것이다.

　이처럼 공급은 직접적인 수요를 창출하는 가장 중요한 요인이다. 물건을 소유하고 싶은 욕망인 수요는 태초 이래 늘 무한했다. 사실 용돈이 문제이지 우리는 가능하면 많은 운동화를 갖고 싶어 한다. 하지만 이러한 잠재된 무한한 욕망을 구체적인 욕망으로 바꾸어 주는 결정적인 요인이 바로 '공급'이다. 공급된 물건을 보고 나서 구체적인 구매 욕구를 느끼기 때문이다.

　우리 사회는 그 어느 때보다 다양한 물건이 공급되고 있다. 특히 최근에는 수요자가 직접 공급에 참여하는 기회도 제공되고 있다. 운동화 역시 마찬가지다. 몇 년 전부터 나이키사는 온라인 사이트를 통해서 자신의 신발을 직접 디자인할 수 있는 기회를 제공하고 있다. 즉 나만의 운동화를 가질 수 있는 기회가 생긴 것이다. 이제 우리 스스로 소비할 제품을 만들어 낼 수 있는 사회가 도래하였다. 이러한 상황에서 불필요한 물건을 구매하지 않기 위해서는 더욱더 합리적인 소비 습관이 요구된다 할 것이다.

공급 프랑스 경제학자 세이는 '공급이 스스로 수요를 창출한다'는 세이의 법칙을 정립했다. 물건을 만들어 내놓으면 같은 양의 수요가 생기게 돼서 생산 과잉은 발생하지 않는다는 것이다. 하지만 1920년 말 대공황 시기에 공급 과잉의 문제가 심각하게 대두되었다. 이때 영국 경제학자 케인스는 세이와 정반대로 '총 수요의 크기가 총 공급을 결정한다'는 '유효 수요의 원리'를 주장했다.

8

마트에 가면 왜 9,900원짜리 물건이 많을까?

품절

₩10,000

₩9,900

우리는 물건을 살 때 디자인, 브랜드, 가격, 애프터서비스 등 여러 요인들을 고려한다. 그중에서 물건을 살지 말지를 결정하는 가장 중요한 요인은 단연 '가격'일 것이다. 그런데 우리는 물건의 가격을 늘 제대로 인식하는 것일까?

많은 기업들은 자사의 제품과 서비스의 판매량을 높이기 위해 다양한 전략을 구사한다. 가격을 활용한 마케팅 기법도 그중 하나인데, 가장 흔히 목격할 수 있는 것은 단수 가격을 활용한 방법이다. 단수 가격이란 가격의 끝자리가 홀수 특히 9로 끝나는 가격을 의미한다. 미국이나 유럽의 마트에서 판매되는 물건 가격을 보면 10달러, 100달러와 같이 딱 떨어지는 것이 아니라 9달러, 99달러 등 통상 9로 끝나는 경우가 많은데 이러한 가격을 통칭하여 단수 가격이라 부른다.

원래 단수 가격은 종업원들의 절도 행위를 방지하기 위한 목적으로 도입되었다. 제품 가격을 10달러나 100달러와 같이 정할 경우, 물건을 판매하고도 거스름돈을 내줄 필요가 없기 때문에 금전 등록기에 매출 내역을 기록하지 않아도 된다. 하지만 제품의 가격을 9달러 내지 99달러 등으로 책정하면, 판매 후 거스름돈을 지급하기 위해 매출 내역을 기록하고 금전 등록기를 열어야 한다. 따라서 단수 가격을 적용할 경우 종업원들은 물건을 판매할 때 해당 내역을 반드시 금전 등록기에 기록해야 하고 이 과정에서 매출이 누락되는 일을 방지할 수 있다.

하지만 단수 가격을 도입한 뒤 일어난 변화는 정작 다른 곳에 있었다. 바로 단수 가격을 부여한 물건들의 판매량이 증가하기 시작한 것이다. 단수 가격은 많은 소비자들로 하여금 제품 가격을 저렴한 것으로 인지하게 만들었고, 그 과정에서 해당 제품의 판매량이 증가한 것이다. 예를 들어 100달러짜리 제품과 99달러짜리 제품은 실제 가격 차이는 1달러임에도 불구하고 소비자들은 100달러대 제품과 10달러대 제품으로 인식한다.

만 원짜리 물건은 안 산다, 9,900원짜리 물건은 산다

이러한 단수 가격 효과는 우리나라의 경우에도 여전히 유효하다. 우리나라 역시 1,000원이나 10,000원과 같이 딱 떨어지는 것이 아니라 990원이나 9,900원 등 통상 9로 시작하는 금액으로 설정하는 경우가 많다. 이 역시 단수 가격 효과를 활용하기 위함이다. 1,000원짜리 제품과 990원짜리 제품의 가격 차이는 불과 10원이지만, 소비자들은 천 원대 제품과 백 원대 제품으로 구분하여 인식한다. 이처럼 단수 가격을 활용할 경우 실제로는 적은 금액을 할인하고도, 크게 할인해 준 것과 같은 효과를 가져와 수익을 증대시킬 수 있다.

단수 가격 효과와 유사한 가격 효과로는 왼쪽 자릿수 효과가 있다. 왼쪽 자릿수 효과는 사람들이 아직까지 단수 가격에 영향을 받고 있는지 여부를 확인하기 위한 연구 과정에서 규명된 내용으로, 가격을 인식할 때 왼쪽 숫자만 보고 전체적인 가격을 판단하는 경향을 말한다.

예를 들어 똑같이 1,100원을 할인해 주더라도 제품 가격이 5,100원에서 4,000원으로 낮아진 것과 4,000원에서 2,900원으로 낮아진 것은 전혀 다르게 인식된다. 5,100원에서 4,000원으로 낮아진 것은 천 원 정도 할인받은 것으로 생각되는 반면, 4,000원에서 2,900원으로 낮아진 것은 마치 2천 원 정도 할인받은 것으로 생각된다. 실제로는 동일하게 1,100원을 할인하였음에도 불구하고, 소비자들은 이를 다르게 인식하는 것이다.

이처럼 많은 소비자들이 왼쪽 자릿수에 의존하여 전반적인 제품 가격 수준을 인식한다는 점을 활용하여 많은 기업들은 제품 가격을 할인할 때, 가능하면 왼쪽 자릿수가 크게 바뀔 수 있도록 조정하여 매출액 증대를 도모하고 있다.

최근 경제가 어려워지고 소비자들의 주머니가 한층 가벼워지면서 알뜰 소비문화가 더욱 확산되고 있다. 이에 기업은 더욱 정교하게 가격을 활용한 마케팅 전략을 펼치고 있다. 이러한 상황 속에서 가격을 활용한 다양한 마케팅 전략의 세부 내용이 무엇인지 정확히 이해하는 것은 알뜰한 소비 생활을 하기 위한 첫걸음이 되어 줄 것이다.

9

모차르트는 왜 일찍 죽었을까?

WHY?

천재 음악가 모차르트는 서른다섯 살이라는 젊은 나이에 세상을 떠났다. 모차르트의 재능을 아끼는 많은 사람들은 그의 때 이른 죽음을 더욱 안타까워했다. 당시 빈에서는 모차르트의 죽음을 둘러싸고 다양한 소문이 돌기 시작했다. 급기야 왕실 궁정 악장인 살리에리가 모차르트를 질투하여 죽였다는 소문까지 돌았다. 그렇다면 모차르트의 죽음에 가장 결정적인 역할을 한 것은 무엇일까?

경제적 관점에서 본다면 모차르트가 죽게 된 것은 그의 음악을 판매할 시장이 없었기 때문이다. 모차르트는 근대 사회로 접어드는 과도기에 활동한 음악가였다. 근대 사회란 봉건제 사회와는 달리 종교적 이념이나 권위보다는 개인의 개성과 인권을 존중하는 시기였다. 모차르트는 이러한 시대적 변화를 누구보다도 잘 알고 있었다. 그는 공연하기 위해 독일, 이탈리아, 네덜란드, 영국, 프랑스 등 유럽 각지를 돌아다니면서 유럽 대륙에서 불고 있는 자유의 흐름이 더 이상 거스를 수 없는 대세임을 확인하였다. 그리고 이러한 근대적 정신에 크게 매료되었다.

모차르트는 왕실과 귀족들을 위한 궁중 음악은 더 이상 만들지 않기로 결정한다. 대신 자유롭고 개성 넘치는 근대적 정신이 투영된 음악을 작곡하기 시작한다. 그 결과 탄생한 작품이 오늘날까지 모차르트의 대표작으로 칭송받고 있는 〈피가로의 결혼〉과 〈마술 피리〉이다. 〈피가로의 결혼〉은 귀족 계층을 풍자한 작품이고, 〈마술 피리〉는 조화롭고 자유로운 근대 사회를 조망한 작품이다. 그야말로 당대의 시대정신을 충실히 투영한 작품들이다.

그런데 이들 작품들은 의외로 대중으로부터는 철저히 외면당한다. 작품의 완성도가 떨어지거나 작품에 투영된 내용이 시대적 흐름과 달랐기 때문은 결코 아니었다. 가장 결정적인 이유는 모차르트의 오페라를 소비할 시장이 형성되지 않았기 때문이다.

다양한 시장이 형성되어야 우리도 다양한 직업을 꿈꿀 수 있다

이것은 음악이라는 예술 장르의 특수성 때문이다. 미술이나 문학을 즐기는 데 들어가는 비용에 비해 음악을 즐기는 데 들어가는 비용은 훨씬 크다. 근대적인 정신이 투영된 그림 한 점을 사거나 책 한 권을 구매하는 것은 그리 어려운 일이 아니다. 하지만 음악은 다르다. CD나 MP3 플레이어가 없던 그 시대에 음악을 즐기는 유일한 방법은 연주자들을 자신의 집에 불러 직접 연주하는 것을 감상하는 것이었다. 어느 날 비싼 돈을 주고 어렵게 연주자들을 초대하여 음악을 감상하였다 하더라도 다른 날 다시 음악을 감상하기 위해서는 또다시 비용을 지불해야 했다. 즉 음악이라는 예술 장르를 소비하려면 막대한 비용이 들었던 것이다. 이러한 이유로 과거 왕궁이나 귀족의 대저택에서 주로 공연되어 온 음악을 신흥 중산층이 곧바로 수용하기는 어려웠다. 대규모 공연장인 오페

라하우스 역시 그때까지 귀족의 영향력 아래 놓여 있었기 때문에 공연 자체도 쉽지 않았다.

이러한 이유로 모차르트의 음악을 소비해 줄 수 있는 시장이 형성되어 있지 않았던 것이다. 뿐만 아니라 귀족들은 자신들을 풍자한 음악을 작곡한 모차르트를 더 이상 지원하지 않았다. 엎친 데 덮친 격으로 오스트리아와 오스만 제국의 오래된 전쟁으로 귀족들의 주머니 사정도 여의치 않았으며, 전염병까지 돌아 대부분의 귀족들이 빈을 떠나게 된다. 이런 상황에서 모차르트는 죽기 직전에 상당한 경제적 어려움을 겪다 생활고 속에서 죽음을 맞은 것으로 알려졌다.

이처럼 시장이라는 것은 단순히 물건을 사고파는 공간을 넘어 개개인이 재능을 발휘할 수 있는 기회를 제공해 주는 공간이기도 하다. 한 나라 안에 얼마나 다양한 시장이 형성되어 있는지가 중요한 이유가 여기에 있고, 우리가 한 나라 경제 안에 다양한 시장이 형성되도록 관심을 가져야 하는 이유 또한 여기에 있다.

10 셜록 홈스는 탐정비를 어떻게 책정했을까?

아서 코난 도일의 소설 속 주인공 셜록 홈스는 전 세계인으로부터 가장 사랑받는 탐정 가운데 한 사람이다. 그래서 홈스가 어떤 사건을 어떻게 해결했는지에 대해서는 많은 사람들이 잘 알고 있다. 하지만 홈스가 사건 사례금을 어떻게 책정했는지에 대해서는 아는 사람이 별로 없는 듯하다. 과연 홈스는 어떻게 사건 사례금을 책정했을까?

이를 확인하기 위해 소설 속에서 홈스가 사건 사례금에 대해 어떻게 언급했는지부터 살펴보자. 1922년에 발표된 『토르교 사건』을 보면, 미국의 백만장자가 사건을 의뢰하였음에도 불구하고 홈스는 "의뢰비는 정액입니다"라고 대답한다. 이러한 홈스의 발언만 보면 사건의 내용과 관계없이 늘 똑같은 사례금을 받은 듯하다.

하지만 다른 소설을 보면 반드시 그런 것은 아니다. 『프라이어리 스쿨』에서는 6,000파운드를, 『녹주석 코로닛』에서는 4,000파운드를 요구한다. 말 그대로 '그때그때 달라요'이자 부르는 게 값인 상황이다. 경제학에서는 이러한 가격 책정 방식을 '가격 차별'이라 부른다.

가격 차별이란 동일한 재화나 서비스를 공급하는 데 있어 비용의 차이가 없음에도 불구하고 각기 다른 소비자들에게 각기 다른 가격을 책정하는 행위를 말한다. 같은 영화라도 아침에 보면 조조할인을 해 주는 것이나, 동일한 미용실에서 커트를 한다 하더라도 성인과 학생의 커트 비용이 다른 것, 동일한 자동차라 하더라도 내수용과 수출용의 가격이 다른 것 등이 가격 차별에 해당한다.

학생 할인, 조조할인이 너무 당연한 거 아냐? 이것도 차별이냐?

가격 차별 원리는 아주 단순하다. 높은 가격을 낼 용의가 있는 소비자에게는 높은 가격을 받고, 그렇지 않은 소비자에게는 낮은 가격을 받는 것이다. 높은 가격을 낼 용의가 있는 소비자에게 낮은 가격을 받거나, 낮은 가격을 낼 용의가 있는 소비자에게 높은 가격을 제시해 거래 자체를 무산시키는 것은 기업 입장에서 손해가 된다. 그러므로 기업은 가격 차별을 실시함으로써 더 큰 이윤을 누릴 수가 있다.

다시 셜록 홈스 소설로 돌아가 보자. 소설 내용을 자세히 들여다보면, 홈스가 의뢰자의 소득에 맞추어 사례금을 요구하였음을 확인할 수 있다. 『보헤미아 왕실 스캔들』에서는 의뢰인인 보헤미아 왕에게 사건 착수금으로만 1,000파운드를 요구한다. 하지만 또 다른 작품인 『얼룩 띠』에서 홈스는 사건을 의뢰한 젊은 숙녀 스토너 양이 돈이 별로 없다는 사실을 직감한다. 이에 홈스는 의뢰인에게 자신이 지금 당장 사용할 약간의 비용만 형편이 닿는 대로 지불하라고 말한다. 홈스는 의뢰인들과 상담을 마친 후 그들의 경제 형편을 고려하여 사례금을 요구한 것이다.

　가격 차별은 앞서 설명한 바와 같이 원래 기업의 이윤을 극대화하기 위해 실시하는 경우가 대부분이다. 하지만 가격 차별이 무조건 나쁜 것만은 아니다. 가격 차별 전략은 학생이나 노인 등 소득이 낮은 사람들에게 할인 등을 제공하는 데에도 활용되기 때문이다.

　가난한 사람에게 저렴한 진찰료를 부과하거나 형편이 어려운 학생에게 장학금을 지급해 낮은 학비를 부여하는 것도 가격 차별에 해당한다. 섬이나 산골까지 배송하는 우편 비용과 도시에 배송하는 우편 비용이 다름에도 불구하고 모두 동일한 금액을 부여하여 낙후된 지역 사람들에게도 우편 서비스를 원활히 제공하는 것 또한 가격 차별을 통한 혜택이라 할 수 있다.

　외국 속담에 "똑같은 칼이라도 의사의 손에 쥐어지면 사람을 살리지만, 강도의 손에 쥐어지면 사람을 죽일 수 있다"는 말이 있다. 이처럼 가격 차별도 누가 어떠한 목적으로 사용하는지에 따라 전혀 다른 효과를 가져다주는 경제 원리이다.

11

영화관 팝콘은 왜 유독 비쌀까?

럭셔리냐?

에헴-

모처럼 최신 영화를 보러 영화관에 가면 빼놓을 수 없는 것이 하나 있다. 바로 팝콘이다. 짭조름한 소금과 구수한 버터를 함께 넣어 튀긴 팝콘은 영화관의 또 다른 즐거움을 안겨 준다. 그런데 팝콘 가격이 너무 비싸다. 영화관에서 팝콘을 판매하기 시작한 것은 언제부터이며, 팝콘 가격은 또 왜 이리 비쌀까?

영화관에서 팝콘을 판매할 생각을 하게 된 것은 TV 때문이다. 1895년 프랑스의 뤼미에르 형제가 처음 영화를 발명한 이후 불과 10여 년 만인 1909년 당시 미국의 한 주당 영화 관객 수는 4500만 명, 상영관 수는 8,000개에 육박했을 정도로 영화 산업은 그야말로 급성장하였다. 하지만 영화 산업은 TV의 등장으로 인해 커다란 위기에 봉착한다. 이제 집에서도 영화를 얼마든지 관람할 수 있게 된 소비자들이 굳이 영화관에 올 필요가 없었기 때문이다. 결국 한 주당 9000만 명에 육박하던 영화 관람객의 수가 1963년에는 반으로 줄어들었다.

이러한 상황에서 많은 영화관들은 영화관 운영을 위한 새로운 수익원을 찾아내야 했다. 이때 새로운 대안으로 부상한 것이 바로 팝콘이다. 많은 군것질거리 중에서 팝콘이 추가 수익을 올리기에 가장 적합했기 때문이다.

먼저 팝콘 원료인 옥수수 가격이 저렴했다. 대공황 이후부터 옥수수 가격이 점차 저렴해지면서 팝콘은 이미 국민 간식이 된 상태였다. 영화관에서 팝콘에 주목한 또 다른 이유는 손님들을 끌어들이기 쉬웠기 때문이다. 팝콘을 튀기는 동안 팝콘 냄새가 매장 전체에 진동할 뿐만 아니라, 팝콘을 튀기는 소리 역시 커서 관람객의 후각과 청각을 자극하기 쉽다.

영화관에 매점이 한 곳뿐인 이유를 드디어 알았다!

이러한 이유로 영화관에서는 팝콘을 팔기 시작했다. 곧이어 영화관은 영화표 가격은 낮추고 팝콘 가격을 올리는 것이 보다 큰 수익을 거두는 방법이라는 사실을 깨닫게 된다. 먼저 영화표 값을 내려 더 많은 사람들을 영화관으로 끌어들인다. 이렇게 영화관으로 들어온 사람들을 대상으로 팝콘을 높은 가격으로 판매하여 더 높은 수익을 거두는 것이다.

대부분의 영화관 안에 매점이 딱 한 곳뿐인 이유가 여기에 있다. 여러 기업들이 상호 경쟁하는 상황에서는 판매량을 높이기 위해 서로서로 경쟁을 하게 된다. 그러면 제품의 가격이 점차 떨어질 수밖에 없다. 하지만 한 개의 기업이 활동하는 독점 시장에서는 그렇지 않다. 독점 기업의 경우 어차피 소비자들은 자신 이외의 다른 대안이 없다는 사실을 잘 알고 있기 때문에 굳이 가격을 낮추지 않는다. 때문에 독점 시장에서는 상대적으로 제품 가격이 비싼 경우가 많다. 영화관 내 팝콘은 바로 이러한 독점 기업의 특성을 활용한 결과이다.

몇 해 전 코엑스몰에 있는 한 대형 영화관이 지난 10년간 판매한 팝콘이 1300만 개, 콜라가 1200만 개에 이른다고 발표한 바 있다. 이는 팝콘 통을 세로로 쌓았을 때 에베레스트산을 1,500회 왕복하는 것이 가능한 양이라고 한다. 그간 우리가 사 먹은 팝콘이 어느 정도인지 실감나는 대목이다.

실제로 영화관은 외부 음식의 반입이 금지되어 있지는 않다. 하지만 이러한 사실을 영화관 측에서는 굳이 소비자들에게 공지하지는 않는다. 어렵게 구축한 독점적 지위를 스스로 포기하는 바보는 아마 없을 것이다. 이러한 독점적 지위를 이용한 폭리를 막는 방법은 우리가 더 현명해지는 길뿐이다.

3장

물건에 숨어 있는 경제 이야기

해리 포터에는 왜 마법 모자가 등장할까?

패션 아님!

모자 좀 빨아!

가장 인기 있는 3대 판타지 소설을 꼽자면, 단연 『반지의 제왕』, 『해리 포터』, 『황금 나침반』이다. 이 세 작품은 모두 영화로 제작되면서 많은 사람들에게 더욱 잘 알려졌다. 이들 작품 속에서 한 가지 공통점을 발견하게 되는데, 그것은 비록 형태는 다르지만 비슷한 기능을 하는 물건들이 등장한다는 사실이다. 도대체 어떤 의미를 담고 있는 물건이기에 서로 다른 판타지 소설임에도 연이어 등장하는 것일까?

『해리 포터』를 접한 사람들은 누구나 한 번쯤 나도 해리 포터가 되어 봤으면 하는 상상을 하게 된다. 해리 포터가 구사하는 현란한 마술이 탐나기도 하지만 무언가 필요한 것이 생기면 언제나 마법 모자를 활용해 얻어 내는 모습이 부럽기 때문일 것이다. 마법 모자를 통해 원하는 물건을 얼마든지 구할 수 있는 해리 포터는 누구에게나 부러움의 대상이다.

필요한 것을 언제든지 얻을 수 있는 힘과 권한을 가져다주는 도구는 다른 작품에서도 등장한다. 『반지의 제왕』에서 절대 권력을 가져다주는 절대 반지가 여기에 해당한다. 절대 반지는 악마가 자신의 권능과 의지, 힘을 모두 담아 놓은 물건으로 그야말로 세상을 지배할 수 있는 물건이다.

『황금 나침반』 역시 마찬가지이다. 황금 나침반은 "황금 나침반을 움직이는 자가 세상을 움직일 것이다"라는 예언의 내용을 기반으로 세상을 맘대로 휘두를 수 있는 황금 나침반을 차지하기 위해 벌어지는 전쟁과 모험을 다룬 작품이다. 황금 나침반 역시 해리 포터의 모자처럼 세상을 맘대로 휘두르며 원하는 것을 얻을 수 있는 물건이다.

이처럼 여러 판타지 소설에는 자신이 원하는 것은 무엇이든 들어주는 물건들이 반드시 등장하는데, 이는 희소성으로 인해 선택의 고통에 직면해 있는 우리들에게 현실의 고통에서 잠시나마 벗어날 수 있는 기회를 주기 위함이 아닌가 싶다.

사고 싶은 게 너무 많을 땐 우선순위를 잘 정해야 한다

여기서 희소성이란 쉽게 말해 '부족함'을 뜻한다. 아무리 돈을 많이 벌어도 우리는 끊임없이 부족함을 느낀다. 무언가를 원하는 욕구가 무한하기 때문이다. 즉 무한한 욕구를 충족시켜 줄 자원은 한정되어 있어 우리는 늘 부족함을 느끼는 희소성 속에 살아간다.

이러한 희소성으로 인해 우리는 생활 속에서 선택을 피할 수 없다. 소득이 한정되어 있으니 원하는 것을 다 살 수는 없다. 그러므로 우선순위를 따져서 구매 순서를 정할 수밖에 없다. 국가 경제 역시 마찬가지이다. 정부가 하고자 하는 각종 사업은 국민이 내는 세금을 토대로 시행되어야 하므로 이 역시 예산의 제약을 받는 것이다. 따라서 국가는 각각의 비용을 들여 국민들에게 어떠한 편익을 가져다줄 수 있는지를 비교하여 할 일과 하지 말아야 할 일을 선택해야 한다.

선택의 고통은 기업 역시 피할 수 없다. 기업도 자신들이 전개할 수 있는 다양한 사업 중에서 특정 활동을 선택해야 한다. 모든 산업 분야에 모두 진출할 수 있는 기업은 없다. 주어진 예산 속에서 자신들이 활동해서 성공할 수 있는 산업 분야를 결정해야만 한다.

이처럼 우리 모두는 희소성에 직면해 있다. 우리는 무언가를 포기해야 하는 선택의 고통에서 벗어나게 해 줄 모자도, 반지도, 나침반도 없다. 유일한 해결책은 희소성으로 인한 선택의 순간에 보다 합리적인 선택을 하는 방법밖에 없다.

경제학이라는 학문이 탄생하게 된 배경이 바로 여기에 있다. 경제학은 '희소한 자원 중 무엇을 포기하고, 무엇을 선택할 것인가?' 그리고 '희소한 자원을 어디에 분배할 것인가?'와 같은 '선택의 문제'를 보다 합리적으로 해결할 수 있는 다양한 이론들을 제시해 주는 학문이다.

앞서 언급한 작품들 말고도 수 세기에 걸쳐 구전되어 완성된

합리적인 선택 합리적인 선택은 가장 적은 비용으로 가장 큰 편익(경제적 이익이나 만족감)을 얻을 수 있도록 선택하는 것을 말한다. 따라서 비용보다 편익이 커야 하고, 매몰 비용을 고려하지 않으며, 기회비용보다 현 선택의 만족감이 더 크도록 선택해야 한다.

판타지 소설의 고전 『아라비안나이트』에서도 주인공의 소원을 맘대로 들어주는 램프의 요정이 등장한다. 이는 우리 인류가 자원이 부족한 희소성으로부터 벗어나고 싶은 오래된 열망이 있었음을 증명해 주고 있다.

우리는 결국 마법 모자나 절대 반지, 마법 램프를 발명하는 데는 실패했다. 하지만 조금 더 합리적인 선택을 통해 희소성의 제약을 슬기롭게 극복할 수 있는 방법을 찾고자 하는 노력이 경제학이라는 결실로 맺어진 것이 아닌가 싶다.

복권에 당첨되면 쌀 소비가 줄어든다고?

복권에 당첨되면 어떨까? 아마 그동안 사고 싶었던 물건들을
마음껏 살 수 있어 행복할 것이다. 이처럼 우리는 소득이 늘어나면 이전보다 소비를 늘
린다. 하지만 소득이 늘어나면 오히려 소비를 줄이는 물건이 간혹 있는데, 쌀이 여기에
해당된다고 한다. 소득이 늘어났는데 오히려 쌀 소비를 줄이는 이유는 무엇일까?

소득이 늘면 우리는 그동안 참아 왔던 여러 소비 활동을
할 수 있다. 먹거리 역시 마찬가지이다. 그동안 먹고 싶었지만 못
먹고 참아 왔던 것들을 맘껏 즐길 수 있다. 지금은 1인당 국민 소
득이 3만 달러를 앞두고 있지만, 1970년대만 하더라도 우리나라
1인당 국민 소득은 1,000달러 미만으로 먹거리 수준 역시 매우
부실했다.

　일례로 우리나라 국민 한 명의 연간 육류 소비량은 51.4kg이
다(2014년 OECD 발표 기준). 1970년에는 5.2kg에 불과했으니 지금
은 무려 10배 가까이 증가한 것이다. 냉장고 한편에 항상 있는 우
유 역시 당시에는 귀한 음식이었다. 1970년 1인당 우유 소비량은
1.6kg이었는데 2015년 1인당 우유 소비량이 무려 77.6kg이라고
하니 1970년에 비해 대략 49배 늘어난 것이다.

　경제학에서는 육류와 우유처럼 소득이 늘어남에 따라 소비
도 함께 증가하는 재화들을 정상재라 부른다. 정상재라는 이름에
서도 드러나듯이 소득이 늘면 더 많이 소비하려는 게 일반적인 습
성이다. 우리가 일상 속에서 소비하는 대부분의 물건들이 정상재

에 해당한다.

하지만 소득이 늘어나면 오히려 소비하려는 마음이 줄어드는 재화가 이따금 있다. 경제학에서는 소득이 늘면 소비를 줄이려는 물건들을 열등재라 한다. 대표적인 열등재로는 국내 여행, 대중교통 등이 있다. 대부분의 사람들은 소득이 늘어나면 국내 여행보다는 해외여행을 선호하고, 지하철이나 버스를 이용하기보다는 자가용을 타고 다닌다. 따라서 국내 여행과 대중교통은 소득이 증가할 경우 소비가 줄어드는 경향이 있는 대표적인 열등재라 할 수 있다.

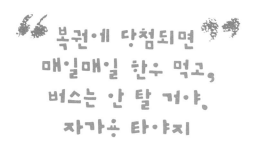

복권에 당첨되면
매일매일 한우 먹고,
버스는 안 탈 거야,
자가용 타야지

그런데 흥미로운 사실은 우리가 매일 먹는 주식인 쌀이 열등재에 해당한다는 것이다. 우리나라 국민 소득이 100달러가 미처 안 되던 시절인 1960년대에는 1인당 연간 쌀 소비량이 120kg 수준이었다. 1970년대 들어 국민 소득이 늘어나면서 쌀 소비량도 동반 상승했다. 하지만 국민 소득이 급격히 증가한 1980년대 이후부터는 상황이 달라졌다. 국민 소득은 10배 이상 증가했음에도 불구하고 1986년의 1인당 연간 쌀 소비량은 1960년대 수준과 비슷한 127.7kg이었고, 심지어 2016년 1인당 연간 쌀 소비량은 1960년대의 절반 수준인 61.9kg으로 줄었다.

이처럼 소득이 증가하였지만 쌀 소비가 줄어드는 이유는 크게 두 가지로 요약된다. 하나는 식습관의 서구화로 인해 빵과 면 소비량이 증가하였기 때문이다. 현재 우리나라 밀가루 소비량은 연간 250만 톤으로 쌀 소비량 300만 톤에 육박하고 있다. 또 다른 이유로는 잡곡 문화의 대두가 꼽힌다. 순수하게 쌀밥만 먹는 사람의 비율은 30% 수준이며, 건강을 위해 잡곡밥을 즐기는 가정이 많아지고 있기 때문이다.

오늘날 기업과 정부는 열등재를 파악하기 위해 촉각을 세우고 있다. 기업들은 자사 제품이 열등재가 될 소지가 있는지 확인할 필요가 있다. 소비자들의 소득 수준이 높아짐에 따라 자사 상품에 대한 선호도가 낮아질 경우, 품목 전환 내지 업종 전환을 고려해야 하기 때문이다.

국가의 경우 저소득층을 지원하기 위해 열등재를 파악하고 있어야 한다. 일례로 연탄으로 난방을 하는 집들이 아직 남아 있음에도 불구하고, 소득이 증가함에 따라 연탄 수요가 급격히 줄어 연탄 회사가 공급을 축소할 경우 저소득층은 큰 어려움을 겪게 될 것이다. 이러한 상황을 막기 위해 국가는 연탄 제조 회사를 지원해야 할지도 모른다.

또 한 가지 주목해야 할 점은 열등재와 정상재는 고정된 것이 아니라 경제 상황이 변함에 따라 얼마든지 바뀔 수 있다는 것이다. 앞서 언급한 쌀의 경우에는 1970년대까지만 하더라도 소득이 증가함에 따라 소비도 함께 증가한 정상재였다. 하지만 1980년대 이후부터 열등재로 변모하였다. 다가올 미래에 쌀은 여전히 열등재일지 아니면 정상재로 다시 탈바꿈할지 궁금하다.

14 나이키의 경쟁사가 닌텐도라고?

스포츠 용품 회사인 나이키사가 어느 해부터 성장률이 급격히 나빠졌다. 그 이유를 구체적으로 살펴보니, 여타 스포츠 용품 때문이 아니라 비디오 게임인 닌텐도의 영향으로 확인되었다. 스포츠 용품 회사인 나이키사의 매출액에 비디오 게임 회사인 닌텐도가 영향을 끼친 이유가 무엇일까?

나이키와 닌텐도의 경쟁은 사실상 2006년부터 시작되었다. 2006년 이전까지만 하더라도 많은 청소년들은 나이키 운동복과 운동화를 착용하고 친구들과 운동장을 누비는 것을 가장 선호했다. 이를 위해 자신의 용돈을 아껴 새로운 운동화를 사는 데 관심이 있었다.

그런데 2006년 닌텐도에서 위(Wii)를 출시하면서 상황이 달라졌다. 위만 있으면 실내에서도 얼마든지 다양한 스포츠 경기를 할 수 있기 때문이다. 심지어 위를 통해서는 비록 컴퓨터상에서지만 세계적인 스포츠 스타와 함께 경기를 할 수 있는 또 다른 즐거움도 얻을 수 있었다. 당시 나이키사의 조사에 따르면 실제로 스포츠를 즐기는 젊은층 핵심 고객 중 일부는 가정용 게임기에 몰입하여 실제 운동 시간이 줄어들고 있음을 확인하였다.

나이키와 위의 관계를 경제학에서는 대체재라고 부른다. 대체재란 특정 제품을 소비했을 때 동일한 만족을 누릴 수 있어, 서로 대신 쓸 수 있는 관계에 놓여 있는 재화를 뜻한다. 사이다와 콜라는 대표적인 대체재 관계이다. 둘 다 탄산음료로서 구매했을 때

공통적으로 갈증 해소라는 만족을 누릴 수 있다. 따라서 콜라와 사이다는 서로 경쟁 관계에 놓여 있다. 샤프와 볼펜 역시 대표적인 대체재 관계이다. 필기구가 필요할 때 샤프를 살지 볼펜을 살지 고민해 본 경험이 있을 것이다. 둘 다 구매했을 때 비슷한 효용 내지 만족을 느낄 수 있기 때문이다.

**짜장면을 먹을까,
짬뽕을 먹을까,
콜라를 마실까, 사이다를 마실까?**

이처럼 대체재의 관계에 놓여 있는 재화들은 한 재화의 가격 변화가 또 다른 재화의 판매량에 영향을 미치게 된다. 갈증이 나서 편의점에 갔는데 콜라 가격이 오른 것을 확인하였다. 이때 많은 사람들은 상대적으로 저렴한 사이다를 선택할 것이다. 샤프와 볼펜 역시 마찬가지이다. 필기구를 구입하려 할 때, 볼펜이 비쌀 경우 샤프를 구매하는 사람이 더욱 늘 것이다. 대체 관계에 놓인 재화들은 이처럼 서로 간의 가격 변화로 인해 판매량에 영향을 받는다.

나이키와 닌텐도 역시 이러한 관점에서 살펴보면 대체재 관계이다. 나이키 운동용품과 닌텐도 위는 방과 후 여가 시간을 즐겁게 보내기 위한 목적으로 구매하는 물건들이다. 나이키는 운동장에서 닌텐도는 집에서 스포츠 게임을 즐기는 것으로 장소만 다를 뿐이지 세부 내용은 동일하다. 이 때문에 많은 학생들은 제한된 용돈으로 둘 중 무엇을 사야 하는지 고민하기 시작하였고, 이 과정에서 위를 구매하는 사람들로 인해 나이키사의 매출이 줄어든 것이다.

나이키사가 닌텐도에 주목했던 것처럼 오늘날 많은 회사들이 자신들의 보이지 않는 적이 누구인지 면밀히 살피고 있다. 그래야만 매출이 줄어드는 요인이 무엇인지 정확히 알 수 있기 때문이다. 이러한 대체재에 대한 관심은 기업뿐만 아니라 우리에게도 중요하다. 앞으로 대학 전공을 고르거나 직업을 고를 때도 내 전공 내지 내 직업을 대체할 수 있는 것이 무엇인지 살펴보는 것은 보다 합리적인 선택을 위해 반드시 필요한 일임을 기억해야 할 것이다.

내 학용품, 내 이어폰, 내 가방을 다른 사람이 함부로 사용하거나 처분할 수 없다. 이 물건들은 내 사유 재산이기 때문이다. 냉장고, TV, 소파 등 우리 집에 있는 모든 물건은 가족들이 맘대로 사용할 수 있다. 우리 가족의 사유 재산이기 때문이다. 그런데 맘대로 못하는 사유 재산이 있다고?

사유 재산이란 자신의 자유의사에 따라 마음대로 사용하거나 처분할 수 있는 대상들을 말한다. 그뿐만 아니라 소유자는 자신의 소유물에 대해 그 누구의 간섭도 받지 않을 권한이 있다. 그런데 정작 각 가정이 보유한 가장 비싼 사유 재산 중 하나인 토지는 맘대로 사용할 수 없다. 다시 말해 내가 소유한 산이라고 해서 마음대로 개간해서는 안 되고, 농지에 마음대로 건물을 지어서도 안 된다. 도대체 토지는 왜 주인이 맘대로 할 수 없을까?

토지는 다른 재화와 다른 특징을 갖고 있기 때문이다. 토지가 다른 사유 재산과 다른 점은 공급량과 공급 지점이 고정되어 있다는 것이다. 구체적으로 설명하자면 토지는 필요하다고 해서 더 만들 수 있는 물건이 아니고, 수요가 있는 곳으로 운반할 수 없다. 이 때문에 토지는 잘못 개발했다고 해서 추가로 토지를 더 공급할 수도 없으며, 옆으로 옮길 수도 없다. 이 점이 일반적인 사유 재산과의 차이점이며, 사유 재산이라 하더라도 국가가 개입하는 이유이다.

예를 들어 갯벌이나 산림을 소유한 사람이 자신의 소유라 하여 해당 부동산을 산업 용지로 바꾸고 나면, 이를 다시 예전처럼 돌리는 것은 불가능하다. 국립공원 근처 땅을 소유한 사람이 산을 개간하여 공업 지대로 바꾸고 난 뒤, 잘못된 판단이라 하여 공장을 옆으로 이전하고 해당 토지를 다시 원상 복구하는 것도 불가능하다. 이 때문에 토지의 사용 용도를 변경할 때는 반드시 국가의 허락을 받아야 한다.

토지는 더 만들 수도 옆으로 옮길 수도 원래 용도로 돌아갈 수도 없다

토지 사용에 국가가 간섭하는 또 다른 이유는 토지가 내포하고 있는 공적 기능 때문이다. 이는 산림을 떠올리면 쉽게 이해할 수 있다. 산림은 무언가를 새로이 생산하기 위한 부동산이 아니고, 자산 증식을 위한 부동산도 아니다. 하지만 산림은 그 존재만으로도 많은 사람들에게 커다란 혜택을 가져다준다. 산림의 아름다운 경관, 공기 정화 기능, 환경 보호 기능 등은 우리가 무언가를 소비할 때처럼 많은 편익을 가져다준다.

산림 그린벨트(greenbelt)는 도시 주변의 녹지 공간을 보존하기 위해 지정하는 개발 제한 구역이다. 1950년대 영국에서 시작되었고, 우리나라는 과밀 도시의 방지, 도시 주변의 자연 환경 보전, 도시민을 위한 레크리에이션 용지 확보, 도시 대기 오염 예방, 상수원 보호, 국가 안보 등을 위하여 1971년 7월 서울 지역에 처음으로 개발 제한 구역을 지정하였다.

산림이 이처럼 다양한 편익을 제공해 주고 있는 상황에서 특정 개인의 사적 이익을 위해 공장이나 농지로 용도를 변경하는 문제를 개인이 단독으로 결정할 수는 없다. 내 땅이라는 이유로 내 맘대로 사용할 경우 다른 사람에게 커다란 피해를 줄 수 있기에 국가가 적극 개입해서 상황을 조정하고 올바른 결정을 내리는 것이다.

많은 사람들이 더불어 함께 지내기 위해서는 서로 많은 것들을 양보해야 한다. 그 첫 단추가 비록 내 땅이지만 사용을 제한받는 불이익을 감수하는 데서부터 시작하는 게 아닌가 싶다.

16

5개들이 라면이 더 싼 이유는?

낱개 판매

5개 묶음 판매

마트에 가 보면 묶음 판매 상품을 쉽게 볼 수 있다. 라면이나 생수를 낱개로 판매하는 것이 아니라 5개 내지 6개를 한꺼번에 묶음으로 판매하는 것이다. 때로는 라면이나 생수를 20개 내지 30개로 묶어 파는 경우도 볼 수 있다. 이렇게 많은 상품을 묶어 파는 이유는 무엇일까?

흥미로운 사실은 이러한 묶음 판매 상품 가격과 낱개 판매 상품 가격을 비교해 보면, 제품 하나에 매겨진 가격이 묶음 판매 상품이 훨씬 저렴하다는 것이다. 낱개로 포장된 라면이 1,000원, 5개로 포장된 라면이 4,500원, 20개로 포장된 라면이 15,000원에 팔리는 것처럼 동일 제품임에도 불구하고 개당 가격이 달리 적용되고 있다. 생필품의 경우에는 굳이 할인해 주지 않아도 구매할 수밖에 없는 물건들이 많은데, 왜 마트에선 할인까지 해 주며 묶음으로 판매하는 것일까?

이처럼 개당 가격을 달리 정하는 이유는 가격 할인을 통해 소비자들의 수요를 늘려 이윤을 높이기 위함이다. 일반적으로 구매량이 늘어날수록 제품 하나를 추가로 구입함으로써 얻게 되는 만족감은 떨어진다. 라면을 맛에 따라 여러 종류 구매했을 때는 각각의 라면을 통해 상이한 만족감을 누릴 수 있다. 하지만 같은 라면을 여러 개 구매했을 때는 여러 종류의 라면을 맛보는 기쁨을 포기해야 한다. 특히 같은 라면을 20개나 사면 더더욱 그러할 것이다. 따라서 같은 제품의 대량 구매를 유도하기 위해서는 추가적인 할인을 통해 구매 의욕을 높여 주는 것이다.

대량 구매자들에게 추가적인 할인을 해 주는 이유는 하나 더 있다. 마트에서 묶음 판매를 할 때 큰 폭의 가격 할인을 해 주는 가장 대표적인 품목 중 하나가 채소와 과일이다. 채소와 과일은 조금만 시간이 지나도 판매하기 어렵기 때문에 짧은 시간 동안 전부 팔아야 한다. 따라서 가격 할인을 통해 대량 구매를 유도하는 것이다.

싸다고 박스째 샀더니 결국 다 못 먹고 버렸다

장기간 보관 내지 판매가 용이한 공산품의 경우에도 낱개와 묶음 판매 시 다른 가격이 적용된다. 이 경우는 조금 다른 이유 때문인데 공산품을 대량으로 구매한 소비자가 감수하는 여러 불편함을 감안했기 때문이다. 대량 포장된 공산품을 구매한 소비자는 집 안에 남은 물건들을 보관하기 위해 빈 공간을 사용해야 한다. 또한 보관 과정에서 제품의 손실이 발생하기도 한다. 물론 일정 기간 동안 동일한 제품만 소비해야 함으로써 다양한 제품을 사용하고자 하는 욕구를 희생시켜야 한다. 이러한 모든 사항을 고려하여 공산품 역시 대량 구매자들에게는 추가적인 할인 혜택을 주고 있다.

최근 들어 경쟁이 더욱 치열해지면서 많은 기업들이 추가적인 수익을 확보하기 위해 묶음 판매 전략을 보다 적극적으로 추구하고 있다. 이러한 상황 속에서 합리적인 소비 생활을 하기 위해서는 할인된 가격에 묶음으로 판매한다고 무턱대고 구매하는 것이 아니라 묶음 판매 전략 속에 숨어 있는 경제적 원리를 이해하는 것이 필요하다.

4장

물가와
·이자율만 알아도
생활 경제를
알 수 있다

17

아빠 연봉이 오르면 구매력도 늘어나는 걸까?

경제 지표 중에는 경제 고통 지수라는 것이 있다. 경제 고통 지수란 국민이 피부로 느끼는 경제 상황이 어떠한 수준인지 파악하기 위한 지수인데 실업률과 물가 상승률을 합산하여 계산한다. 이러한 사실만 보더라도 물가 수준이 우리에게 지대한 영향을 미친다는 사실을 쉽게 알 수 있다. 도대체 물가가 무엇이기에 우리 삶에 커다란 영향을 미치는 것일까?

물가에 대한 구체적인 내용을 살펴보기에 앞서 물가의 정확한 의미부터 알아보자. 시장에서 거래되는 모든 물건에는 가격이 형성되어 있다. 물가는 이러한 개별 제품의 가격과는 달리 한 나라에서 거래되는 모든 재화와 서비스의 평균적인 가격 수준을 의미한다.

이러한 물가를 주목해야 할 이유는 실질적인 우리의 생활 수준이 물가 수준에 달려 있기 때문이다. 물가가 오르면 액수가 일정한 돈의 구매력은 떨어진다. 구체적으로 설명하자면 한정된 돈으로 구매할 수 있는 물건의 종류와 양이 물가가 오르면 줄어든다는 의미이다.

예를 들어 아빠 연봉이 작년에 비해 20% 올랐다고 가정해 보자. 아마 아빠 연봉이 올랐기 때문에 작년에 사 주기로 약속한 자전거, 게임기 등을 올해는 다 사 주실 거라고 생각할지도 모른다. 하지만 이러한 꿈이 실현될 수 있을지 여부는 물가 수준에 달려 있다. 아빠 연봉이 20% 올랐지만 물가가 40% 올랐다면 아빠 연봉은 실질적으로 줄어든 셈이기 때문이다. 참고서나 학용품의 값, 버스와 지하철 요금 등의 전반적인 가격 수준이 40% 올랐는데 연봉이 20%밖에 안 올랐다면 올해도 자전거나 게임기는 물 건너간 셈이다.

물가는 경기가 좋은지 나쁜지를 판단하는 데 있어서도 중요한 역할을 한다. 일반적으로 경기가 좋아지면 여러 물건들의 수요가 증가하고, 이로 인해 여러 제품의 가격이 올라가 물가 상승을 유발하게 된다. 이와는 반대로 경기가 어려워지면 여러 물건들의 수요가 감소하고, 이는 물가 하락을 유발하게 된다. 이처럼 물가 수준은 경기 동향을 반영하여 움직이기 때문에 경기를 판단할 때 중요한 근거 중 하나이다.

아빠 연봉이 올랐는데도 자전거를 안 사 주는 이유는?

물가는 각 가정의 삶의 질을 결정짓는 가장 중요한 요인이기 때문에 국가에서는 물가가 어떠한 수준으로 변하고 있는지를 면밀히 파악하기 위해 다양한 물가 관련 경제 지수를 집계하여 발표하고 있다. 물가 지수란 생활에 필요한 재화와 서비스의 가격 변동을 측정하기 위해 작성되는 대표적인 경제 지수로, 기준 연도에 비해 현재의 물가가 얼마만큼 증가했는지를 나타낸다. 통상적으로 물가 지수는 기준 연도를 100으로 삼는데, 물가 지수가 120이라는 것은 기준 연도에 비해 물가가 20% 정도 상승했다는 의미이다. 이처럼 물가 지수를 활용할 경우 물가 수준이 어떻게 변화해 왔는지를 쉽게 비교할 수 있다.

앞서 말했듯이 물가는 우리 생활에 가장 직접적인 영향을 미치는 요인으로 내 소득이 실제 올랐는지 떨어졌는지를 판단하는 기준이라 할 수 있다. 앞으로 추가적인 소득이 생겼다 하더라도 무조건 지출할 것이 아니라 물가 수준과 비교한 뒤에 지출 여부를 결정하는 경제적인 판단을 할 수 있어야 한다.

경제 고통 지수 국민들이 느끼는 경제적 어려움을 수치로 나타낸 것으로, 일정 기간 동안의 물가 상승률과 실업률을 합한 다음 소득 증가율을 빼서 나타낸다. 고통 지수의 수치가 높을수록 실업자는 늘고 물가는 높아져 국민이 느끼는 경제적 어려움도 크다는 뜻이다.

18

엄마는 왜 늘 물가가 많이 올랐다고 말할까?

엄마와 마트에 가면 종종 듣게 되는 소리가 있다. 아빠 월급은 그대로인데 물가가 너무 많이 올랐다는 것이다. 그런데 정작 신문이나 TV 뉴스에서 보도되는 물가 지수는 전년 대비 크게 변하지 않았거나 소폭 올랐다는 것이다. 엄마가 말하는 물가와 나라에서 발표하는 물가 지수 중 누구의 말이 옳은 것일까?

국가는 급작스런 물가 변동으로 인한 피해를 방지하기 위해 여러 종류의 물가 지수를 정기적으로 집계하여 발표하고 있다. 이 중에서 소비자 물가 지수는 일반 소비자들이 생활 속에서 직면하게 되는 물가 수준을 가늠하기 위한 것이다. 소비자 물가 지수는 소비자가 일상생활에서 구입하는 여러 상품과 서비스의 가격 수준을 조사함으로써 도시 가계의 평균적인 생계비 수준을 파악할 수 있는 기회를 제공해 준다.

이 과정에서 한 가지 흥미로운 현상은 소비자 물가 지수의 집계 결과와 실제 가정에서 체감하는 물가 수준이 사뭇 다를 때가 많다는 사실이다. 이러한 현상은 크게 세 가지 요인으로 인해 일어난다.

먼저 개인마다 소비하는 재화와 서비스가 다르기 때문에 체감 물가가 달라지는 경우가 있다. 소비자 물가 지수는 여러 가지 상품 가격을 일정한 기준에 따라 종합한 평균적인 물가 수준이다. 이에 반해 우리가 피부로 체감하는 물가는 개인이 주로 구입하는 상품이 무엇인가에 따라 달라질 수 있다. 예를 들어 어느 해에는 대학 등록금은 많이 올랐지만 냉장고, TV 등 전자 제품 가격은 하락하여 전체 물가 지수는 크게 변동되지 않았다고 가정해 보자. 대학생 자녀를 둔 가정은 대학 등록금 부담으로 인해 물가가 상당히 올랐다고 느낄 수 있지만, 전자 제품을 구입하는 가정에서는 오히려 물가가 낮아졌다고 생각할 수 있다. 즉 물가 지수는 전체적인 상황을 조망한 것이기 때문에 특정 부문에서 경제 활동을 수행하는 개인이 느끼는 물가 변화와는 차이가 있을 수 있다.

많이 오른 물건만 자꾸 생각난다, 안 오른 물건은 관심 없다

다음으로 생활 수준의 향상이나 가족 구성원의 변동에 따라 체감 물가가 달라질 수 있다. 소득이 늘어나서 TV나 냉장고를 대형으로 바꾸고 에어컨과 자동차도 새로 구입하였는데, 이때 전자 제품 구입비, 전기료, 자동차 보험료, 기름 값 등의 지출이 늘어난 것을 물가가 올랐다고 생각할 수 있다. 또한 자녀 수의 증가 또는 자녀의 성장에 따라 식비, 의류비 등 생활비가 늘어난 것을 물가가 오른 것으로 혼동할 수 있다. 이처럼 일상생활의 내용이 달라진 것을 물가가 오른 것으로 잘못 생각하는 경우가 종종 있다.

자기중심적인 심리 요인도 물가를 잘못 판단하는 주된 요인 중 하나이다. 소비자는 가격이 떨어지거나 적게 오른 상품보다는 가격이 많이 오른 상품을 중심으로 물가를 생각하는 경향이 있다. 이러한 심리적 왜곡 현상 역시 실제 물가와 체감 물가가 다르게 만드는 요인이다.

이처럼 우리는 개인적인 경제 상황과 심리적 요인 등으로 인해 물가 지수에서 집계한 내용과는 다르게 물가를 체감하곤 한다. 그러면서 정부가 우리를 속이고 있는 건 아닌지 의심하기도 한다. 잘 이해가 되지 않는다고 해서 무조건 누군가를 의심하기보다는 실제 내용을 조금 더 깊이 있게 고민해 봐야 한다는 것을 물가 지수를 통해 알 수 있다.

19

물가가 떨어지는 게 더 나쁜 거라고?

엄마는 물가가 오를까 봐 늘 걱정하신다. 물가가 오르면 살 수 있는 물건이 더욱 줄어들기 때문이다. 그런데 경제학자들은 물가가 오르는 것보다 물가가 떨어지는 것을 더 걱정한다고 한다. 왜 물가 하락을 더 크게 우려할까?

물가가 지속적으로 떨어지는 현상을 디플레이션이라 부른다. 물가가 떨어지면, 그것도 지속적으로 떨어지면 좋다고 생각할 수 있다. 내 소득은 그대로인데도 물건 가격이 낮아지면 이는 실질적으로 내 소득이 증가한 것과 같은 의미이기 때문이다. 하지만 실제로 많은 국가에서 디플레이션이 전개되었을 때, 국가 경제는 물론이고 국민들도 커다란 고통과 희생을 치러야 했다.

디플레이션이 왜 개개인에게 커다란 고통으로 다가오는지는 디플레이션의 원인을 살펴보면 쉽게 확인할 수 있다. 디플레이션이 일어나는 가장 큰 이유는 기업들의 실적이 떨어지기 때문이다. 실적이 낮아진 기업들이 가장 흔히 시도하는 전략은 자신들의 제품 가격을 인하하는 것이다. 좀처럼 팔리지 않는 물건의 가격을 낮춤으로써 매출과 판매량을 올리기 위해서이다. 하지만 많은 사람들이 앞으로 물건 가격이 더 싸질 것으로 예상하면 상황이 달라진다. 사람들은 지금 사는 것보다 조금 더 늦게 구입할 경우 더 싼 값에 살 수 있다고 생각하게 된다. 그러면 사람들이 구매 시점을 더욱 미루기 때문에 더더욱 판매 실적은 회복하기 어렵다.

이러한 상황에 직면한 기업들은 결국 구조 조정 내지 임금 삭감을 결정하게 된다. 구조 조정을 통해서 인력 규모를 줄이거나 아니면 근로자들에게 지불하는 임금을 삭감하여 어려운 경영 환경을 극복하려는 것이다. 기업이 어떠한 전략을 선택하든 간에 근로자들의 소득이 줄어들게 된다. 결국 지속적으로 물가가 하락하는 디플레이션 현상이 일어날 경우 이는 기업의 경영 환경을 어렵게 만들고, 개개인의 소득이 줄어들거나 일자리를 잃게 만드는 요인으로 작용하는 것이다.

물가가 떨어진다고 좋아했더니 엄마 아빠가 실업자가 됐다고?

디플레이션이 야기하는 경제적 심각성은 여기에 그치지 않는다. 디플레이션으로 인해 개별 가계의 소득이 줄어들더라도 그들이 보유하고 있는 부채는 그대로이기 때문이다. 아파트를 구입하기 위해 은행으로부터 얻은 융자금은 디플레이션이 일어나도 그대로라는 사실을 떠올리면 쉽게 이해할 수 있다. 이렇게 되면 개개인들이 이자를 감당하기 위해서 더더욱 지출을 줄이게 되고, 이러한 소비자들이 많아지면 많아질수록 기업들의 실적은 더더욱 낮아질 것이다. 결국 기업들의 구조 조정과 임금 삭감만 한층 심해지는 것이다.

그래서 많은 경제학자들은 물가가 지속적으로 떨어지는 현상을 크게 우려하고 있다. 이제 디플레이션에 대한 정확한 의미를 이해했다면 즐겨 구입하던 제품의 가격이 떨어졌다고 해서 좋아만 할 일이 아닐 수 있음을 기억해야 할 것이다.

20

국가가 돈을 마구 찍어 내자 전쟁이 났다고?

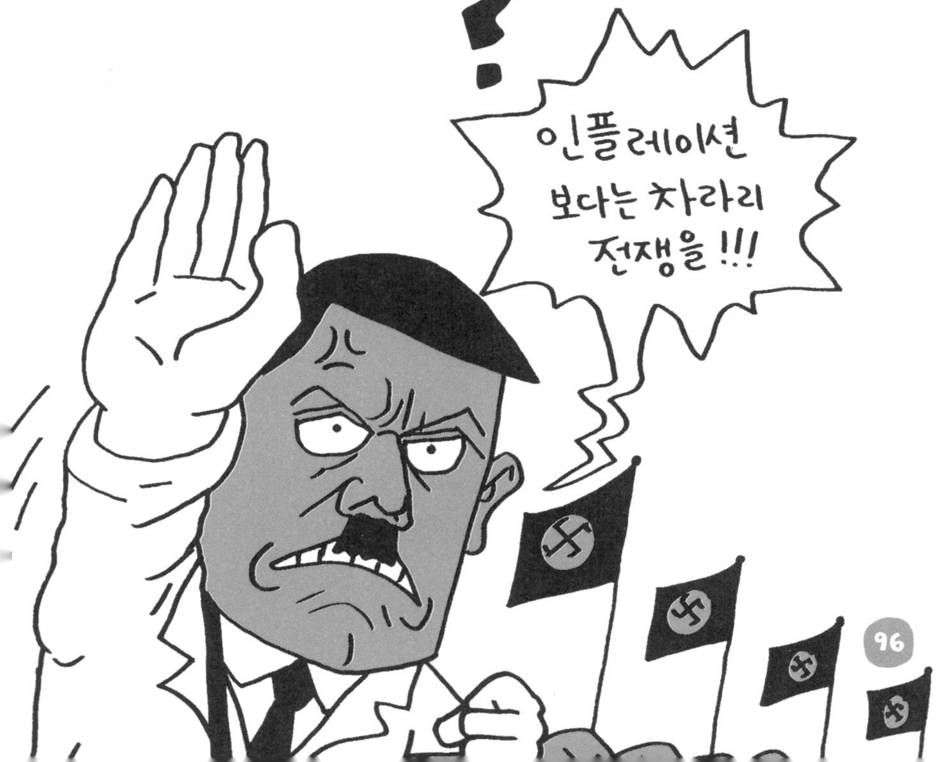

TV에서 우리나라의 국가 부채가 1400조 원을 넘어섰다는 뉴스를 보았다. 너무 어마어마한 돈이라서 실감은 잘 안 나지만, 부채가 많다니 걱정이다. 국가는 돈이 부족하면 화폐를 계속 발행하면 될 것 같은데 그렇게 하지 못하는 이유는 무엇 때문일까?

무분별한 화폐 발행은 극심한 인플레이션을 가져올 수 있다. 인플레이션은 물가가 지속적으로 오르는 현상을 의미하는데, 이러한 인플레이션이 일어나는 대표적인 요인 중 하나는 통화 공급이 증가되기 때문이다. 노벨상 수상자인 밀턴 프리드먼은 "인플레이션은 언제 어디서든 반드시 통화와 관련된 현상이다"라고 언급한 바 있다. 즉 통화가 얼마만큼 발행되느냐에 따라 해당 국가의 물가 수준이 좌우된다는 것이다.

국가가 무분별하게 화폐를 계속 찍어 낼 경우 어떠한 최후를 맞게 되는지를 보여 준 역사적인 사례가 하나 있다. 바로 독일 나치 정부와 히틀러이다. 독일 정부는 제1차 세계 대전을 수행하는 과정에서 막대한 전쟁 비용을 부담해야 했다. 여기에 전쟁이 끝나자 추가로 어마어마한 전쟁 배상금을 승전국에 지불해야 할 처지에 놓였다. 처음 독일 정부는 채권을 팔아서 부족한 자금을 충당할 생각이었다. 그러나 이러한 방식만으로는 필요한 자금을 메울 수 없었다. 결국 독일 정부는 대규모 화폐 발행을 단행하였다.

그 결과 당시 독일은 매주 100% 이상의 물가 상승을 기록하였다. 가장 인플레이션이 극심하였던 1923년 당시 근로자들은 임금을 받자마자 식료품점으로 달려가야 했다. 조금만 늦어도 식료품 가격이 상승하기 때문이다. 아침 식사를 위해 불쏘시개를 구입하려고 가게에 가는 것보다는 차라리 수백만 마르크에 달하는 지폐를 태워 불을 피우는 것이 보다 저렴한 형편이었다. 즉 사람들은 화폐를 받으면 이를 가능한 한 가장 빨리 소비하는 것이 돈을 버는 길이었다.

돈을 마구 찍어 내서 전쟁이 났다니 돈과 전쟁은 어떤 관계일까?

이러한 상황은 인플레이션을 더욱 가속화시켰다. 많은 사람들은 화폐보다는 실물을 원했고, 이는 물가 상승을 더욱 부추겼다. 인플레이션이 계속되던 기간 동안 대부분의 제지 공장과 인쇄 공장은 지폐를 발행하기 위해 공장을 24시간 내내 가동해야만 했다. 그럼에도 불구하고 신권에 대한 수요를 따라잡기는 어려웠다.

결국 극심한 인플레이션으로 고통받은 독일 국민들은 이러한 상황에서 벗어나고자 새로운 정치 세력을 선택하기에 이른다. 이때 독일 국민이 선택한 정치 세력이 히틀러가 이끄는 나치당이었다. 당시 독일 국민들의 고통은 나치 정당의 전폭적인 지원으로

이어졌다. 러시아와 중국이 공산화될 수 있었던 요인 역시 당시 국민들이 물가 상승으로 극심한 고통을 받고 있었기에 가능했다. 이런 의미에서 나치와 히틀러의 탄생을 이끌어 낸 직접적인 원인은 독일의 극심한 인플레이션이었다고 말해도 과언이 아닐 것이다.

인플레이션 일화 1923년 당시 독일의 상황을 전해 주는 유명한 일화가 있다. 시장에서 할머니가 돈이 가득 담긴 바구니를 땅바닥에 놓고 잠시 한눈을 파는 사이에 도둑이 돈은 바닥에 버려두고 낡은 바구니만 훔쳐 갔다는 것이다. 낡은 바구니의 가치가 수북한 돈보다 높았을 만큼 인플레이션이 심각한 상황이었다.

21

이자를 받았는데 오히려 손해라고?

올랐어?

105만원 → 1,155,000원

은행에 가서 적금 통장을 만들 때, 우리는 가장 먼저 이자율부터 물어본다. 이자율에 따라 만기가 되었을 때 받는 돈이 달라지기 때문이다. 예금이나 적금과 같은 금융 상품을 계약할 때는 이자율이 높은 것을 선택해야 한다. 이자율의 정확한 의미는 뭘까?

우리가 일정 기간 동안 돈을 빌리거나 빌려줄 때 이에 대한 대가로 지불하는 것이 이자이다. 이러한 이자를 결정하는 것이 바로 이자율로 이자율은 원금에 대한 이자의 비율을 의미한다. 예를 들어 은행에 100만 원을 예금했을 때 1년 뒤 110만 원이 되었다면, 10만 원이 이자이고, 이자율은 원금 100만 원에 대한 이자 10만 원의 비율인 10%이다.

그렇다면 이자율은 어떻게 결정되는 걸까? 일반적인 물건의 가격이 수요와 공급에 의해 결정되듯이, 이자율 역시 화폐의 수요와 공급에 의해 결정된다. 시중에 돈의 공급이 증가하면 이자율은 떨어지고 돈의 수요가 증가하면 이자율은 올라간다.

우리는 흔히 '이자율'이라고 통칭하지만 실제로는 이자율도 여러 종류가 존재하며 어떠한 종류의 이자율인지에 따라 실질적인 보상 규모가 크게 달라질 수 있다. 이 중 가장 대표적인 이자율로는 명목이자율과 실질이자율이 있는데 이 둘은 각각 어떻게 다를까?

명목이자율은 쉽게 말해 실제 금융 거래에서 사용되는 금리를 말한다. 은행에서 금융 상품을 구매할 때 은행원이 "이 금융 상품은 연간 이자율이 몇 %입니다"라고 말할 때 이는 명목이자율을 말한다. 또한 금융 상품 홍보물 등에 인쇄되어 있는 이자율 역시 명목이자율을 의미한다. 이러한 명목이자율은 매일매일 변화하는 물가 수준을 고려하지 않은 이자율이다.

물건 값이 자꾸 올라 저축을 하는 게 오히려 손해라고?

이에 반해 실질이자율은 명목이자율에서 물가 상승률을 차감한 이자율로 물가 상승 요인이 반영된 이자율을 말한다. 10% 이자율로 1년간 돈을 빌려줬는데, 그 사이 물가가 3% 올랐다면, 실질이자율은 7%가 되는 것이다. 우리가 투자를 할 때 주목해야 할 이자율은 실질이자율이다. 저축 등 투자를 통해 거두어들인 이자 수익보다 물가 상승폭이 더 높을 경우 실질적으로 손해를 보기 때문이다.

예를 들어 갖고 싶은 105만 원짜리 자전거가 있어 이를 사기 위해 100만 원짜리 적금에 가입해 돈을 모으기로 했다고 가정해 보자. 적금의 명목이자율은 5%이다. 만기가 되어 100만 원 원금에 5% 이자인 5만원을 합쳐 자전거를 사러 달려갔다. 그런데 그 사이 자전거 가격이 10% 올라 1,155,000원이 되었다면 원하던 자전거를 사지 못하게 된다.

이와 같은 원리로 명목이자율보다 물가상승률이 높을 경우 실질적으로는 손해를 입게 된다. 명목이자율이 8%인 상황에서 물가가 10% 올랐다면 이자를 받고 난 뒤에도 원래 원했던 물건을 사려면 2%가 부족해지기 때문이다. 즉 실질이자율이 −2%인 것이다.

이처럼 실질이자율이 마이너스인 상황에서는 자금을 빌려주는 사람을 찾기 어렵다. 오히려 돈을 빌려준 사람이 돈을 빌려 간 사람에게 2%의 수익을 제공하는 셈이 되기 때문이다. 따라서 우리가 투자를 하거나 누군가에게 돈을 빌려주거나 빌릴 때 고려해야 하는 이자율은 명목이자율이 아니라 실질이자율이다.

22

한국은행의
고객은
누구일까
?

안녕~

통장

한국은행

어서
옵셔~

한국은행은 우리에게 친숙한 단어 중 하나이다. 우리가 사용하는 지폐나 동전을 자세히 들여다보면, 한국은행이라는 이름을 찾아볼 수 있으며, 신문이나 뉴스에서도 한국은행과 관련된 보도를 종종 접하게 된다. 한국은행은 과연 어떤 은행일까?

흥미로운 사실은 우리 주변 사람 중에 한국은행과 거래하는 사람이 아무도 없다는 점이다. 그 누구도 한국은행에 예금 통장을 마련하거나 돈이 필요할 때 대출을 하러 가지 않는다. 도대체 한국은행은 어떠한 업무를 수행하는 곳이기에 이처럼 가깝고도 먼 은행일까?

한국은행은 우리나라의 중앙은행이다. 중앙은행이란 일반적으로 한 국가의 화폐를 발행하는 기관을 말한다. 우리나라 역시 한국은행이 동전과 지폐의 발행 여부를 결정하며, 동전과 지폐의 모양과 크기 또한 결정한다. 그 때문에 세계 여러 나라의 중앙은행의 이름이 궁금하면 그 나라 지폐를 확인하면 쉽게 알 수 있다.

중앙은행은 우리나라 돈뿐만 아니라 외환(외국과의 거래를 결제할 때 쓰는 환어음)을 관리하는 역할을 한다. 국가 경제를 안정적으로 유지하기 위해서는 수출과 수입이 원활해야 한다. 이를 위해 외환의 수요와 공급을 조절하고, 환율을 안정시키는 일을 중앙은행이 담당하고 있다.

하지만 중앙은행이 단순히 국내외 화폐 관리 업무만 담당하는 것은 아니다. 중앙은행의 가장 중요한 임무는 국가 경제 안정을 위해 돈의 가치를 일정하게 유지하는 데 있다. 경제가 불황에 빠지거나 불황이 우려될 경우 중앙은행은 경제를 부양하기 위해 통화 공급을 늘린다. 시중에 유통되는 통화량이 늘어나면 소비, 투자, 고용이 보다 활발히 전개될 수 있기에 중앙은행은 이러한 상황을 유도하는 것이다.

한국은행은 일반인들이 가는 은행이 아니라고? 그럼 누가 가는 거지?

반대로 경제가 지나치게 호황이 되면 경제를 안정시키기 위해 통화 공급을 줄인다. 시중에 유통되는 통화량이 줄어들면 그만큼 소비나 투자 활동이 위축될 수 있기 때문이다. 따라서 한 나라의 경제 상황이 얼마나 안정적인 상태를 유지하는지는 중앙은행의 역량에 달려 있다.

중앙은행의 역할은 더 있다. 중앙은행은 은행을 위한 은행이다. 다시 말해 시중 은행이 은행 업무를 원활히 할 수 있도록 도와주는 기능을 담당한다. 예를 들어 개인들이 돈이 부족하면 은행에서 돈을 빌리는 것처럼 시중 은행도 갑자기 돈이 필요할 때가 있다. 한꺼번에 많은 사람들이 몰려들어 예금을 찾으려 하면 지급할 돈이 부족하게 된다. 이때 시중 은행은 중앙은행으로부터 돈을 빌릴 수 있다.

만약 중앙은행이 없어 시중 은행이 돈이 필요해도 빌릴 곳이 없다면 예금자들에게 제때 돈을 지급할 수 없게 된다. 그러면 예금자들은 자신이 필요할 때 돈을 찾지 못할 수 있다는 생각에 은행에 돈을 맡기지 않을 수 있다. 결국 이렇게 되면 전체 은행의 공신력(공적인 신뢰를 받을 만한 능력)이 떨어진다. 따라서 중앙은행은 한 나라 금융 시스템의 공신력을 유지하는 데 절대적인 역할을 담당한다.

돈이 필요한 것은 개인이나 은행만이 아니다. 한 나라의 정부 역시 돈이 필요할 때가 있다. 이때도 중앙은행이 정부를 상대로 은행 역할을 수행한다. 중앙은행은 세금 등 정부 수입을 미리 받아 두었다가 정부가 필요할 때 이를 제공해 주고, 정부가 일시적으로 자금이 부족할 때 빌려주는 역할도 담당한다.

따라서 중앙은행은 은행을 위한 은행, 정부를 위한 은행, 국가를 위한 은행으로 요약할 수 있다. 우리 가운데 그 누구도 중앙은행에 직접 예금을 하거나 대출을 받은 적은 없지만, 우리 모두 중앙은행으로부터 더 큰 혜택을 받고 있음을 기억해야 할 것이다.

23

마이너스 금리라고 하면 내 돈을 빼어 가나?

마이너스 금리

예금

108

최근 뉴스에서 자주 접하게 되는 경제 단어 중 가장 이해하기 어려운 단어를 꼽자면 단연 '마이너스 금리'이다. 이자를 적게 주는 저금리는 그나마 이해가 된다. 하지만 마이너스 금리라니? 내가 돈을 맡기면 내 돈을 뺏어 간다는 의미인가? 만약 그렇다면 은행에 돈을 맡기는 사람이 있을까?

최근 유럽에서는 상식적으로 이해하기 힘든 상황이 전개되고 있다. 수익률 내지 이자율이 마이너스인 금융 거래가 속속 등장하고 있기 때문이다. 정상적인 금융 거래 상황에서는 돈을 빌려준 사람은 대가로 이자를 받는다. 하지만 마이너스 금리의 상황은 이와는 정반대의 의미이다. 돈을 빌려준 사람이 이자를 받기는커녕 오히려 웃돈을 지불하면서 돈을 빌려주고 있음을 의미하기 때문이다.

예를 들어 100만 원을 5%의 플러스 금리로 누군가에게 빌려주면, 만기에 원금 100만 원과 이자 5만 원을 받게 된다. 하지만 100만 원을 마이너스 5%의 금리로 빌려주면, 만기에 돌려받는 금액은 95만 원뿐이라는 것이다.

유럽에서 전개되는 마이너스 금리 상황을 쉽게 이해하려면 보관료를 떠올리면 된다. 유럽의 중앙은행은 마이너스 금리를 적용하여 자신들에게 자금을 맡긴 일반 은행들로부터 보관료를 받고 있는 셈이다.

유럽의 많은 중앙은행들은 자국의 경기를 부양하기 위해 시중 은행의 이자율을 대폭 낮추어 주었다. 이로 인해 시중 은행들이 민간에 저렴한 비용으로 자금을 빌려주길 기대했고, 이를 통해 투자와 고용이 창출되어 경기가 회복되길 기대하였다. 하지만 기대와는 달리 많은 시중 은행들은 자신들이 보유한 자금마저 중앙은행에 맡기려 했다.

**저축한 돈보다 적게 돌려주면
누가 은행에 가겠어?
장롱 속에 꼭꼭 숨겨 놓지**

이러한 상황에서 중앙은행은 여유 자금을 중앙은행에 쌓아 두지 말고 보다 적극적으로 기업과 가계에 대출해 줄 것을 독려해야만 했다. 이때 떠올린 방식이 중앙은행에 자금을 맡긴 은행에게 마이너스 금리를 적용해 보관료를 받기로 결정한 것이다. 그렇게 되면 많은 은행들이 보관료라는 손실을 회피하기 위해 보다 적극적으로 자금을 대출해 줄 곳을 찾으리라 생각했던 것이다. 마이너

마이너스 금리 유럽중앙은행, 스위스, 덴마크, 스웨덴 등 유럽 여러 은행은 일찍이 마이너스 금리를 도입했고, 2017년부터 일본도 시행하고 있다. 극심한 경기 침체로 투자 수요가 낮을 때, 마이너스 금리는 금리 하락과 대출 확대를 유도하는 정책이다. 마이너스 금리를 도입하면 사람들은 현금을 보유하는 것보다 물건을 가지는 게 낫다고 생각해 소비를 하게 되고, 인플레이션 효과를 거둘 수 있다.

스 금리가 생겨나게 된 배경이 바로 여기에 있다.

우리는 중앙은행에서 마이너스 금리를 적용했다고 해서 내 돈을 뺏어 가는 것은 아니라는 사실을 알게 되었다. 현재 유럽의 많은 국가에서 실시하고 있는 마이너스 금리는 우리 같은 일반인과 기업에 적용되는 금리가 아니라 시중 은행과 중앙은행 간에 적용되는 금리를 의미한다. 만약 시중 은행이 일반 고객에게 마이너스 금리를 적용했다면, 많은 예금자들은 손해를 보지 않기 위해 앞다퉈 자금을 인출했을 것이고, 이로 인해 해당 국가는 극심한 금융 혼란을 경험했을 것이다.

5장

알고 보면 재미있는 GDP의 세계

24

대공황

덕분에

GDP가

개발되었다고?

우리는 GDP란 단어가 익숙하다. TV에서도 자주 나오고 책에서도 쉽게 볼 수 있다. GDP 순위를 보면 우리나라가 상당히 부유하다는 생각이 든다. 그런데 GDP는 언제, 왜 만들어졌을까?

의사가 환자를 치료하기 위해서는 먼저 진찰부터 해야한다. 진찰을 통해 환자의 전반적인 상태를 확인한 후 병의 진행정도에 따라 약을 처방할 수 있다. 경제 역시 마찬가지다. 현재 국가 경제가 어떠한 상황인지를 파악해야 그에 부합하는 경제 정책을 제시할 수 있다. 하지만 대공황 당시에는 국가의 경제 상황을 확인할 수 있는 방법이 없었다. 경제학자들은 이러한 상황을 어떻게 극복했을까?

대공황이란 세계적으로 일어나는 큰 규모의 경제 공황인데, 흔히 1929년에 미국에서 시작된 사상 최대 규모의 경제 불황을 지칭한다. 1929년 10월 24일, 뉴욕 월가의 주식 시장에서 주가가 대폭락하였고, 그로 인해 수많은 기업이 잇달아 파산했다. 기업이 무너지자 당시 근로자 세 명 중 한 명에 해당하는 1500만 명 이상이 실업자가 되었다. 실업자와 그 가족들은 생계가 막막해지고, 거리로 내몰렸다. 국가 경제가 이처럼 극심한 어려움에 직면했음에도 불구하고 정부 관계자들과 경제학자들은 별다른 대책을 내놓지 못했다.

당시 정부 관계자들은 불황이 다가오고 있다는 사실을 어느 정도는 알고 있었다고 한다. 대통령인 프랭클린 루스벨트와 그의 참모들은 철도 운송량이 급격히 줄어들고, 철강 생산량이 크게 감소하고 있음을 확인했다. 이러한 사실을 통해 경제 활동이 몹시 위축되고 있고, 곧이어 많은 사람들이 직장을 잃게 될 것을 예감했다. 하지만 이들은 아무 조치를 취할 수 없었다. 경제를 개선하기 위해 무엇을 어떻게 해야 할지를 몰랐기 때문이다.

이러한 대공황을 겪으면서 많은 경제학자들은 한 나라 전반의 경제 상황을 진단할 수 있는 지표 개발이 필요함을 인식하게 되었다. 이렇게 해서 탄생한 것이 GDP(국내 총생산)이다. GDP란 특정 기간 동안 한 나라 안에서 생산된 모든 상품의 가치를 더한 것이다. 예를 들어 특정 국가가 지난 1년 동안 2천만 원짜리 자동차 10대, 100만 원짜리 휴대폰 100개, 10만 원짜리 쌀 2,000가마니를 생산했다면 해당 국가의 GDP는 이를 모두 합한 5억 원이 된다.

GDP 개발 이전까지는 여러 경제 활동의 결과들이 따로따로 집계되고 있었다. 농산물은 농산물대로 철강은 철강대로 생산량이 각각 계산되었다. 그러다 보니 국가 전체의 경제 활동이 얼마나 활발히 전개되고 있는지를 확인할 수 없었다. 이러한 상황에서

GDP GNP(국민 총생산)는 한 나라의 국민이 생산한 것을 모두 합한 금액으로, 우리나라 국민이 외국에 진출해서 생산한 것도 GNP에 모두 포함된다. 반면 GDP(국내 총생산)는 우리나라 영토 내에서 이루어진 총생산을 나타내는 것으로, 최근에 경제 성장률을 따질 때는 GNP보다는 GDP를 사용하는 추세이다.

GDP가 개발되어 특정 기간 동안 그 나라 경제가 어떠한 상황에 놓였는지를 판단할 수 있는 근거를 제시해 주었다.

각 나라의 GDP 순위를 보면 어느 나라가 부자인지 알겠는걸

오늘날 GDP의 유용함은 아주 쉽게 확인된다. 올림픽 개막식 때 각국 선수들이 입장하면 해당 국가의 개괄적인 상황을 소개하기 위해 화면에 자막이 나온다. 짧은 자막으로 해당 국가가 가진 특성을 종합적으로 설명해 줘야 하기 때문에 가장 핵심적인 내용만이 언급된다. 이때 해당 국가의 인구, 면적, 종교에 대한 정보와 함께 제시하는 것이 바로 GDP이다. GDP가 국가의 경제적 수준과 상황을 가장 간편하게 대변할 수 있기 때문이다. 이러한 사실만 보더라도 GDP가 특정 국가의 전반적인 경제력이나 그 나라 국민의 생활 수준을 가늠할 수 있는 핵심적인 경제 지표임을 쉽게 알 수 있다.

1999년 미국 상무부는 지난 20세기 자신들의 최대 업적으로 GDP 통계를 집계하기 시작한 것을 꼽았다. 인류 역사상 가장 최악의 경제 불황이었던 대공황이 오히려 인류 역사상 가장 유용한 경제 지표를 만들게 된 계기가 되었다는 사실이 참으로 아이러니하다.

25

손흥민

선수의 연봉은 GDP에 포함될까?

우리는 길가 노점에서 떡볶이랑 튀김을 사 먹기도 하고, 대학생 언니 오빠에게 과외를 받기도 한다. 노점상이 물건을 팔거나 대학생이 과외 교습을 하는 행동들은 분명 경제 활동이긴 하지만 GDP에 포함되지 않는다. 그렇다면 도대체 GDP에 포함되는 경제 활동은 무엇일까?

GDP에 포함되는 경제 활동과 그렇지 않은 경제 활동을 구분하기 위해서는 먼저 GDP의 정의를 보다 분명히 기억할 필요가 있다. GDP란 일정 기간(보통은 1년) 동안 한 국가 내에서 새로이 생산된 모든 최종 재화와 서비스의 시장 가치를 의미한다. 따라서 GDP에 포함되는 경제 활동은 이러한 기준에 부합되어야 한다.

먼저 GDP는 특정 기간 내에 수행된 경제 활동만 포함된다. 따라서 2017년 GDP에 포함되기 위해서는 2017년에 새로이 생산된 재화만 포함된다. 예를 들어 2015년에 생산된 이어폰이 그해에는 판매되지 않고 창고에 재고로 남아 있다가 2017년에 판매되었다 하더라도 이는 2017년 GDP에 포함되지 않는다. 해당 이어폰은 이어폰이 생산된 2015년 GDP에 포함된다. 이와 마찬가지로 중고품의 경우 매매가 이루어진 연도가 아니라 물건이 생산된 해의 GDP에 포함된다.

특정 기간 내에 새로이 수행된 경제 활동이라고 해서 무조건 GDP에 포함되는 것은 아니다. 과외, 노점상처럼 국가에 세금을 내지 않고 암암리에 이루어지는 경제 활동은 GDP에 포함되지 않는다. 과외가 불법은 아니며 모든 과외 활동이 지하 경제에 해당하는 것도 아니다. 과외비를 신용 카드나 현금으로 지급받으면서 이를 국가에 신고했다면, 과외비는 교육 서비스를 제공한 대가로 GDP에 포함된다. 하지만 우리나라에서 과외 활동을 정부에 신고하는 사람은 찾아보기 힘들다. 이러한 이유로 과외는 분명 경제 활동이지만 GDP에 포함되지 않는다. 노점상 역시 수입을 국가에 신고하지 않고 가게를 운영하는 경우에는 같은 이유로 GDP에 포함되지 않는다.

학원비는 GDP에 포함되고 과외비는 GDP에 포함되지 않는다?

다음으로 GDP에 포함되기 위해서는 국내에서 수행한 경제 활동이어야 한다는 점이다. 즉 해외에서 수행한 경제 활동은 GDP에 포함되지 않는다. 류현진, 추신수, 손흥민과 같은 스포츠 스타들이 해외에서 왕성한 활약을 통해 수백만 달러의 고액 연봉을 벌고 있다 하더라도 이는 국내에서 수행한 경제 활동이 아니기 때문에 GDP에 포함되지 않는다. 이와는 반대로 국내에서 경제 활동에 참여하고 있는 외국인 용병 선수의 연봉은 우리나라 GDP에 포함된다.

지금까지의 설명을 통해서 알 수 있듯이, 동일한 경제 활동을 수행하였음에도 불구하고 GDP에 포함되는 경제 활동이 있는가 하면 그렇지 않은 경제 활동도 있다. 특히 국가에 신고하지 않는 경제 활동이 많을 경우 GDP가 낮게 집계될 수 있음을 확인하였다. 만약 우리나라 GDP가 상승하는 데 기여하고 싶다면, 경제 활동에 적극적으로 참여하는 것뿐 아니라 자신이 수행한 경제 활동의 내역을 국가에 신고하는 것 또한 중요함을 기억해야 할 것이다.

26

모두가 저축만 하면 국가가 가난해진다고?

말하는 저금통?

그만 좀 저금해!

부자가 되기 위해서는 아끼고 절약해야 한다. 하지만 경제학자들은 이와는 정반대의 이야기를 한다. 국가가 보다 부유해지기 위해서는 국민들이 저축만 해서는 안 된다는 것이다. 심지어 국민들이 저축만 많이 하면 오히려 국가가 가난해진다고 말한다. 아니 저축을 많이 하는데 오히려 가난해진다니 무슨 이야기일까?

이러한 사실은 논리학에서 제시하는 '구성의 오류'를 통해 쉽게 설명할 수 있다. 구성의 오류란 부분에서 성립하는 사실을 전체에서도 성립한다고 착각하는 오류를 의미한다. 예를 들어 지난 중간고사에 비해 이번 시험에서 평균 10점이 올랐다고 하자. 한 사람의 성적만 놓고 보면 성적이 오른 것처럼 느껴질 수 있다. 하지만 모든 학생들의 성적이 중간고사에 비해 평균 10점이 올랐다면, 해당 학생의 성적은 오른 것이 아니다.

이처럼 부분에서는 성립하지만 전체로 확장했을 때는 성립하지 않는 사실들이 경제학에서는 다수 존재한다. 예를 들어 어느 농부가 작년에 비해 사과 농사를 잘 지어 생산량이 증가하면 해당 농부의 소득이 증가할 것이라고 생각하기 쉽다. 하지만 모든 농부가 사과 농사를 잘 지어 사과 생산량이 작년보다 증가했다면 오히려 사과 가격이 폭락하여 농가 소득이 감소할 수 있다. 다시 말해 개인 차원에서 풍년은 소득 증대를 의미할 수 있지만, 모든 농민의 풍년은 오히려 소득이 줄어드는 요인이 되기도 한다.

저축 역시 마찬가지이다. 한 개인은 소비를 줄이고 저축을 많이 하면 부자가 될지도 모른다. 하지만 국민 전체가 소비를 줄이고 저축만 많이 한다면 상황이 달라진다. 많은 사람들이 저축만 하고 소비를 하지 않으면 기업의 매출이 줄어들게 된다. 이런 상황에서 기업은 물건을 만들기 위해 투자하거나 고용을 늘릴 필요가 없어진다. 심지어 기존의 설비 투자를 줄이거나 고용한 사람들을 해고하기도 한다.

저축만 하면 안 된다고?
저축 못한다,
늘 용돈이 모자란다!

이렇게 기업이 투자를 줄이거나 고용 규모를 줄이면, 회사를 다니던 사람도 퇴사를 해야 하고, 기업을 대상으로 납품하던 가게들 역시 더 이상 수입을 올리기 어려워진다. 이렇게 되면 많은 사람들이 소득이 없어지기 때문에 저축을 하고 싶어도 저축할 돈이 없게 된다. 요컨대 사회 전체가 지나치게 소비를 줄이고 저축만 하면 오히려 저축할 소득조차 얻기 어려워진다. 이러한 현상을 경제학에서는 '저축의 역설'이라 부른다.

오늘날 많은 경제학자들은 '저축의 역설'을 우려하여 지나친 저축은 오히려 경제 상황을 악화시키는 요인이기 때문에 적절한 소비를 권장하고 있다. 하지만 '지나친 것은 모자란 것과 마찬가지다'라는 과유불급(過猶不及)이라는 말이 있듯이 자신의 소득 수준을 고려하지 않고 무턱대고 소비를 늘리는 것은 또 다른 문제를 야기한다는 점을 기억해야 할 것이다.

저축의 역설 1930년대 전 세계가 심각한 불경기에 맞닥뜨렸을 때, 개인들이 모두 소비를 줄이자 경기가 더욱 불황에 빠졌다. 경제학자 케인스는 가계가 소비를 늘리지 못하면 정부라도 재정 적자를 감수하고 정부 지출을 늘려야 한다고 주장했다. 그래야 수요가 늘어나 기업의 매출이 늘어나고, 생산과 고용이 증가되고, 결국 가계 소비가 늘어난다는 논리를 펼쳤다. 이처럼 불경기 때는 소비가 미덕이고 저축이 악덕이라는 사실을 주장한 것이다.

27

경제 발전과 경제 성장은 똑같은 말일까?

질병 퇴치

기아 퇴치

보편적 초등교육

산모의 보건 상태 개선

환경 보호

유아 사망률 감소

여성 권한 확충

글로벌 동반 성장

경제 발전

우리나라 경제가 급속도로 발전해 왔다고도 하고, 우리나라 경제가 급속도로 성장해 왔다고도 한다. 그러니 경제 발전과 경제 성장은 같은 말 아닐까? 사전에서 찾아보니 발전은 '더 낫고 좋은 상태나 더 높은 단계로 나아감'이고 '성장'은 '사물의 규모나 세력 따위가 점점 커짐'으로 나온다. 약간 차이는 있는 것 같은데, 어떻게 다를까?

무언가 새로운 것을 배울 때 쉽게 배우는 방법 중 하나는 해당 분야에서 흔히 혼용하는 용어를 명확히 구분 지어 보는 것이다. 이런 관점에서 경제적인 측면의 역사적 변천 과정을 설명할 때 흔히 혼용하는 단어인 '경제 성장'과 '경제 발전'이 각각 무엇을 의미하는지 살펴보자. 경제의 역사에 대한 기초적인 이해를 도모하는 좋은 기회가 될 것이다.

경제 성장은 일반적으로 특정 사회가 생산한 재화와 용역의 총생산량이 지속적으로 증가하는 현상을 의미한다. 쉽게 말해 이전에 비해 특정 국가가 더 많은 제품과 서비스를 생산해 냈다면 이를 해당 국가의 경제가 성장했다고 표현한다. 이런 경제 성장을 달성하기 위해서는 토지, 노동, 자본과 같은 생산 요소를 기존보다 더 많이 투입하여 생산을 증가시키거나 동일한 생산 요소를 효율적으로 사용해서 더 많은 제품과 서비스를 생산할 때 가능하다.

경제 성장의 개념과는 달리 경제 발전은 해당 국가의 사회적, 제도적, 문화적 측면까지 모두 포괄하는 개념이다. 경제 성장은 얼마만큼의 생산 요소를 투여하여 얼마만큼의 생산을 달성했는지에 초점이 맞추어진 개념이지만, 이러한 생산 활동에 영향을 미칠 수 있는 교육, 법률, 사회 문화적 요인 등에 대해서는 전혀 고려하지 않는다. 하지만 경제 발전은 이러한 교육, 법률, 사회 문화적 요인 등 보다 다양한 측면을 동시에 고려한다.

경제 발전의 의미에 어떠한 내용이 포함되어 있는지 확인할 수 있는 사례가 하나 있다. UN이 국제 사회의 균형 있는 경제 발전을 도모하기 위해 천명한 MDG 프로젝트가 바로 그것이다. MDG란 2000년 유엔이 수립한 밀레니엄 개발 목표(Millennium Development Goals)를 말한다. 당시 유엔은 MDG 달성을 위한 구체적인 세부 목표로 다음과 같은 8가지를 선정하였다. ① 절대 빈곤과 기아 퇴치 ② 보편적 초등 교육 달성 ③ 남녀평등과 여성 권익 신장 ④ 유아 사망률 감소 ⑤ 산모의 보건 상태 개선 ⑥ 에이즈, 말라리아, 기타 질병 퇴치 ⑦ 지속 가능한 환경 보호 ⑧ 글로벌 동반 성장을 위한 협력 구축 등이다. 이는 발전(development)이라는 개념은 성장(growth)과 달리 다양한 사회적 측면을 함께 고려하는 개념임을 확인시켜 준다.

그렇다면 경제 성장과 경제 발전은 어떤 관계를 갖고 있을까? 경제 발전과 경제 성장이 다른 개념이라고 해서 서로 무관한 것은 결코 아니다. 특정 국가가 더 높은 생산성을 보인다는 것은 단순히 자신들이 보유한 자원들의 물리적 결합만을 통해 달성되는 성과는 아니다. 토지, 자원, 자본과 같은 기초 생산 요소를 더 혁신적이고 창의적인 방식으로 활용할 수 있는 인적 자본과 기술 환경, 기업가 정신 등이 무엇보다 중요하다. 그리고 이런 요인들은 해당 국가가 어떤 사회적, 문화적, 제도적 시스템을 갖추었느냐에 따라 달라진다.

경제 성장과 경제 발전, 그게 그거 같은데 그냥 대충 쓰면 안 될까?

그렇다고 해서 경제 발전이 경제 성장을 이끄는 원동력이라고만 볼 수는 없다. 견실한 경제 성장은 경제 발전을 이루는 중요한 토양이기 때문이다. 좋은 교육 시설, 과학 기술 환경을 갖추기 위해서는 한 나라의 지속적인 경제 성장이 필요하다. 우리가 그동안 이 두 용어를 혼용해 왔던 것은 이 두 개념이 그만큼 서로 긴밀하게 연관 관계를 맺고 있었기 때문이 아닌가 싶다.

28

공시족인 이모는 실업자가 아니라고?

공시족

휴직자

대학 4년생

전업주부

은퇴

최근 우리 사회의 가장 큰 문제 가운데 하나는 단연 일자리 문제이다. 이제 막 학교를 졸업한 대학생들의 청년 일자리 문제부터 구조 조정 등으로 조기 은퇴한 사람들의 재취업 문제까지 그야말로 일자리 문제는 전 국민의 관심사가 되었다. 그런데 우리가 흔히 실업자라고 생각하는 사람들 중에는 실제 실업자로 분류되지 않는 사람들이 많다. 도대체 경제학에서 말하는 실업자란 무엇일까?

설날이나 추석 때가 되면 모처럼 가족 친지들이 한자리에 모인다. 이때 차례를 지낸 뒤 다 같이 둘러앉아 서로 간의 안부를 묻게 되는데, 요즘 가장 큰 화두는 역시 취업이다. 내년에 대학 졸업 예정인 사촌 누나가 직장은 구했는지, 재작년에 대학을 졸업하고 공무원 시험 준비를 하는 이모는 합격했는지, 다니던 회사가 어려워져 잠시 휴직 중인 삼촌은 앞으로 어떻게 해야 하는지 등등이 여기에 해당한다. 하지만 이상에서 열거한 사례들 중에는 엄밀히 말해 실제 실업자로 분류될 수 있는 사람은 단 한 명도 없다.

국가에서는 현재 얼마나 많은 사람들이 일하고 있는지 그리고 일자리를 원하는 사람은 몇 명인지를 면밀히 파악하기 위해 고용 상황을 정기적으로 집계하고 있다. 이때 실업자로 분류되기 위해서는 일할 의사가 있지만, 일자리를 구하지 못해 지난 4주간 적극적으로 구직 활동을 전개한 사람들을 말한다. 따라서 실업자로 분류되기 위해서는 단순히 직장이 있는지 없는지만을 따지는 것이 아니라, 직장이 없다 하더라도 적극적으로 구직 활동을 하지 않을 경우 실업자로 분류되지 않는다. 오랫동안 구직 활동을 하다

일자리를 구하지 못해 낙담한 채 현재 적극적으로 일자리를 알아보지 않는 구직 포기자들은 실업자로 분류되지 않는 것이다.

앞서 열거한 사례들을 통해서 실업자의 개념을 보다 명확히 이해할 수 있다. 먼저 대학 졸업 예정인 사촌 누나의 경우 실업자가 아니다. 아직 졸업을 하지 않았기 때문이다. 비록 4학년이라 열심히 구직 활동을 하고 있다 하더라도 대학생이라는 학생 신분을 벗어난 것이 아니기 때문에 실업자로 분류하지 않는다.

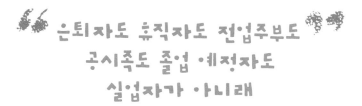

은퇴자도 휴직자도 전업주부도
공시족도 졸업 예정자도
실업자가 아니래

공시족인 이모 역시 실업자가 아니다. 실업자로 분류되기 위해서는 최근 4주 동안 이력서 제출, 회사 면접과 같은 적극적인 구직 활동을 한 사실이 있어야 한다. 단순히 공무원 시험을 준비하거나 자격증 공부를 한 것은 적극적인 구직 활동으로 보지 않는다. 같은 의미에서 지난 4주 동안 구직 활동을 한 적이 없는 전업주부인 엄마나 은퇴하고 쉬시는 할머니 할아버지 역시 실업자로 분류되지 않는다.

회사가 어려워 잠시 휴직 중인 삼촌 역시 실업자가 아니다. 휴직이라는 것은 회사 구성원의 신분과 자격은 그대로 유지하면서 잠시 쉬는 것을 의미한다. 따라서 다니던 회사가 어려워 잠시 휴직 중인 삼촌은 취업자이다.

이처럼 경제적으로 실업자로 분류되는 사람들은 우리가 실업자로 생각하는 사람들보다 훨씬 적다. 따라서 통계적으로 실업자로 분류되는 사람보다 좋은 일자리를 찾고 있는 사람들은 실제로 훨씬 많다고 볼 수 있다. 일자리 문제가 우리 사회의 가장 시급한 당면 과제로 분류되는 이유 가운데 하나가 여기에 있다.

6장

우리는 왜
외국과
교역을 할까
?

29

우리나라가 농산물을 수입하는 이유는 ?

왜 차이가 나지?

필리핀산 (싸다)

제주산 (비싸다)

아주 오래전 농경 사회에서 사람들은 필요한 대부분의 물건을 자급자족하였다. 하지만 오늘날 필요한 모든 물건을 직접 생산하여 사용하는 사람은 없다. 대부분의 사람들은 자신이 필요한 물건을 거래를 통해서 구하고 있다. 그렇다면 국가 간의 교역에서도 마찬가지일까?

국내에서 직접 생산하기 어려운 물건은 다른 나라와의 교역을 통해서 구할 수 있다. 그런데 국내에서 충분히 생산할 수 있는 물건임에도 불구하고 외국으로부터 수입해서 사용하는 물건이 상당수 존재한다. 왜 직접 생산하지 않고 수입을 할까? 이는 크게 두 가지 이유 때문이다.

첫 번째 이유는 다른 나라가 우리나라보다 해당 물건을 훨씬 저렴하게 생산할 수 있기 때문이다. 국가마다 자신이 보다 효율적으로 생산할 수 있는 재화를 집중적으로 생산하고, 부족한 재화는 다른 나라와의 교역을 통해서 얻을 경우 보다 큰 이익을 낼 수 있다. 이러한 이유로 현재 많은 국가들이 다른 나라들과 교역을 한다.

예를 들어 우리나라도 미국도 자동차와 농산물 모두를 생산할 수 있는 능력을 보유하고 있다. 하지만 우리나라는 미국에 비해 자동차를 더 싸게 만들 수 있고, 미국은 우리나라에 비해 농산물을 더 싸게 생산할 수 있다고 가정해 보자. 이 경우 우리나라는 자동차를, 미국은 농산물을 생산한 뒤 서로 교환함으로써 두 나라 모두 이익을 얻을 수 있다. 우리나라는 자동차 생산에서 절대 우위에 있고, 미국은 농산물 생산에서 절대 우위에 있게 된다.

두 번째 이유는 각 국가들이 상대적으로 보다 경쟁력 있는 물건을 집중적으로 생산하여 이를 교환하면 더 큰 이익을 얻을 수 있기 때문이다. 앞서 제시한 예시에서 우리나라가 미국에 비해 자동차와 농산물 모두 보다 저렴하게 생산한다면 굳이 두 나라 사이에서는 교역이 일어날 이유가 없다. 그러나 현실 경제를 들여다보면 그렇지 않다. 한 국가가 두 제품 모두 보다 저렴하게 생산할 수 있음에도 불구하고, 특정 제품만 생산하고 다른 제품은 수입을 한다.

혼자 다 생산할까? 잘하는 것만 생산해서 바꿀까?

이 같은 현상은 우리 주변 사례에서 쉽게 확인할 수 있다. 해외 무역 관련 업무에 잔뼈가 굵은 미생 무역 회사의 대표 이사가 있다고 가정해 보자. 이 사람은 오랜 실무 경력으로 해외 무역에 필요한 문서 작성 업무에도 능숙하다. 실제로도 자신의 비서보다 더 빨리 관련 업무를 처리할 수 있다고 늘 자랑삼아 얘기하곤 한다. 그렇다고 해서 대표 이사가 비서를 두지 않고 자신이 직접 문서 작성 등 실무 업무를 수행하는 것은 바보 같은 짓이다. 행정 실무 업무는 비서에게 맡기고 그 시간에 본인은 회사 전반의 경영 활동을 챙기는 것이 보다 바람직하다. 대표 이사가 직접 행정 실무를 챙김으로 해서 얻을 수 있는 이익은 비서 인건비를 절약하는 수준에 그칠 것이다. 하지만 월급을 주고 비서를 고용한 뒤 본인이 회사 경영에 전념할 경우 더 큰 이익을 얻을 수 있다.

국가 간의 교역 역시 마찬가지이다. 우리나라가 특정 국가보다 저렴하게 여러 물건을 생산할 수 있다 하더라도 보다 저렴하게 생산할 수 있는 물건을 집중적으로 생산하고, 다른 물건은 상대국으로부터 수입하면 훨씬 더 풍요로운 생활을 누릴 수 있다. 이렇게 비교 우위는 비록 한 국가의 모든 재화가 상대국보다 절대 우위에 있더라도 상호 무역을 통해 이익을 창출할 수 있는 이유를 설명한다.

간혹 우리 주변에는 모든 부분에 다재다능한 사람이 있다. 하지만 그 사람 역시 혼자서 모든 것을 다하기보다는 다른 사람과 상호 협력하며 살아갈 때 보다 풍요로운 삶을 살 수 있을 것이다.

30

FTA가 정치, 사회 뉴스에서 다뤄지는 이유는?

신문이나 TV 뉴스를 통해서 자주 접하게 되는 경제 용어 가운데 하나가 FTA이다. 그런데 흥미로운 점은 FTA와 관련된 보도 내용은 경제 뉴스가 아니라 정치나 사회 뉴스가 많다는 것이다. 뉴스를 자세히 들여다보면 FTA에 대해 많은 사람들이 대립하고 갈등하는 내용이다. 도대체 FTA가 뭐기에 이처럼 우리 국민을 갈라놓을까?

이러한 현상을 설명하기에 앞서 FTA가 정확히 무엇인지부터 이해해야 할 것이다. FTA(Free Trade Agreement)는 우리말로 자유 무역 협정이라고 부른다. 이러한 이름에서도 드러나듯이 FTA는 협정을 체결한 두 국가가 경제 교류를 수행하는 데 장애물 역할을 해 왔던 여러 무역 장벽을 완화하는 것을 의미한다. 이를 통해 협정 체결 국가 간의 교역 증진에 기여하여 양국의 경제 발전과 국민들의 삶의 질을 높이는 데 목적이 있다.

FTA 체결로 인한 대표적인 무역 증대 요인으로는 관세 철폐를 꼽을 수 있다. 관세란 수입품에 일정 비율의 세금을 부과하는 것으로, 무역 규제의 여러 방식 중 가장 흔하게 사용된다. 수입품에 일정한 세금을 부과할 경우 수입품 가격이 국산품보다 비싸져 수입품을 억제하고 국제 교류를 막는 효과가 있다. 하지만 FTA를 통해서 관세를 없애거나 낮추면 그만큼 국제 간 거래가 활성화된다.

우리나라는 대외 의존도가 높은 국가이다. 국내 총생산(GDP)의 80% 이상이 수출 및 교역과 관련되어 있다. 이러한 상황에서 우리 상품이 외국에서 높은 관세를 적용받아 가격이 올라 수출이 원활하지 않을 경우 그만큼 국내 경제도 어려워진다. 따라서 우리 상품의 수출 경쟁력을 유지하고 안정적인 해외 시장을 확보하기 위해서는 주요 교역 국가들과의 FTA 체결이 필요하다는 것이다.

외국 농산물이 싸다고 무조건 수입해 먹으면 나중에 굶어 죽을 수도 있다고?

하지만 FTA와 같은 자유 무역을 크게 우려하는 경제학자들도 많다. FTA를 우려하는 대표적인 이유 중 하나가 빈부 격차 문제이다. FTA를 체결할 경우 경쟁력 있는 부문을 중심으로 경제 구조가 재편되어 상대적으로 부족한 위치에 놓인 산업과 해당 산업에서 근무하는 근로자들에게 피해를 줄 수 있다는 것이다. 실제로 중국의 연안 지역과 내륙 지역 간의 극단적인 빈부 격차는 무역을 통해 해당 국가가 부유해지는 과정에서 부의 분배 상태가 크게 악화될 수 있다는 사실을 단적으로 보여 주는 사례이다.

유치산업 보호론도 FTA를 우려하는 대표적인 근거 중 하나이다. 유치산업이란 장래에는 성장이 기대되나 지금은 수준이 낮아 국가가 보호하지 아니하면 국제 경쟁에서 견딜 수 없는 산업을 말한다. 유치산업 보호론이란 미성숙한 산업을 육성하기 위해 국가가 일정 기간 외국의 경쟁 압력으로부터 보호할 필요가 있다는 것이다. 보호를 받는 동안 해당 산업이 경쟁력을 갖추게 되면 결국엔 모두에게 이로운 결과를 만들 수 있다.

국가 안보 또한 FTA를 우려하는 중요한 근거이다. 식량 등 국가 안보와 결부된 중요한 산업의 경우에는 비교 우위론에 의해 큰 비중을 차지하는 산업을 결정할 일이 아니라는 것이다. 만약 식량을 포기하고 다른 산업을 선택했을 때 상대국에서 식량을 무기화할 수 있기 때문이다.

이처럼 FTA에 대해서는 서로 상이한 주장이 첨예하게 대립하고 있고, 이로 인해 여러 갈등이 발생하고 있다. 현재 우리나라는 칠레, 싱가포르, 인도, EU, 페루, 미국, 터키, 호주, 캐나다, 중국, 뉴질랜드, 베트남, 콜롬비아 등 52개국과 FTA를 체결했다. 이러한 상황에서 사회 갈등을 줄이고 합리적인 FTA 협정 내용을 도출하기 위한 첫걸음은 FTA의 장단점을 정확히 이해하는 것부터 시작해야 한다.

31

에티오피아의 커피 재배 농부는 얼마의 이익을 가져갈까?

헐

우리는 에티오피아에서 수입해 온 원두로 만든 커피를 마시고, 중국 사람들이 재배한 농산물을 먹는다. 식사 도중 흘린 음식은 북유럽 나무에서 추출한 펄프로 만든 티슈로 닦는다. 이처럼 우리는 세계 여러 나라 사람들로부터 신세를 지고 있다. 그렇다면 이러한 교역의 증가로 인한 혜택은 교역에 참가한 국가의 국민들에게 골고루 돌아가고 있을까?

지난 수십 년간 전 세계 교역량은 비약적으로 증가했다. 그야말로 지구촌 시대가 시작된 것이다. 흔히 국가 간의 자유로운 교역은 교역에 참여한 두 국가 모두에게 큰 혜택을 제공해 준다고 한다. 물론 틀린 말은 아니다. 문제는 교역으로 인한 과실이 지나치게 치우친 방식으로 분배된다는 데 있다.

교역을 해서 이전보다 100만큼의 추가적인 이익이 생겼다고 가정해 보자. 추가로 발생한 이익이 교역에 참여한 선진국과 저개발국에 적절히 배분된다면 문제가 없을 것이다. 하지만 현실은 그렇지 않다. 선진국과 저개발국의 배분 비율이 99:1에 가까울 만큼 한쪽으로 치우쳐 분배되고 있다.

많은 경제학자들은 교역으로 인한 혜택이 균등하게 분배되지 않고, 일부 국가의 국민들에게 집중되고 있음을 확인하였다. UN 보고서에 따르면, 10억 명 이상의 사람들이 하루 1달러 미만의 돈으로 생계를 유지하고 있다. 세계은행의 연구 결과에서도 세계에서 가장 부유한 20%가 세계 자원의 75%를 소비하는 반면, 세계에서 가장 가난한 20%는 오직 1.5%만으로 삶을 영위하고 있다고 한다. 이러한 수치는 공정한 교역의 필요성을 반증하고 있다.

커피 재배 산지에서 땀 흘려 커피 생산에 참여한 농부는 커피 원두 1파운드를 10센트에 판매한다. 커피 로스팅 전문 회사는 로스팅을 거친 후 이를 7달러에 판매한다. 이렇게 로스팅 된 커피 1파운드는 커피 45잔을 생산할 수 있는 양이다. 커피 1잔 가격을 4달러로 가정할 때 커피숍 주인은 로스팅 된 커피 1파운드로 180달러의 수익을 거두게 된다. 결국 커피 원두를 재배한 농부는 180달러의 최종 판매액에서 0.55%의 수익을 얻게 되는 셈이다.

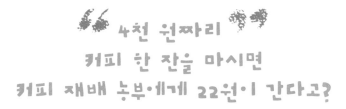

4천 원짜리
커피 한 잔을 마시면
커피 재배 농부에게 22원이 간다고?

커피에만 국한된 이야기가 아니다. 전 세계 카카오의 70%가 서아프리카의 코트디부아르, 가나, 나이지리아 등지의 카카오 농장에서 재배된다. 그런데 이들 농장에서는 어린이들이 근무하고 있다. 대략 28만여 명의 9~12살 어린이들이 아무런 보호 장비 없이 농약과 살충제를 뿌리며 일하고 있다. 헐값에 팔린 카카오는 몇 단계의 유통 과정을 거치면서 값이 눈덩이처럼 부푼다. 유럽 공정 무역 협회에 따르면, 카카오를 생산하는 농부가 5%의 수익을 얻는다면 무역 조직과 초콜릿 회사가 그 14배인 70%의 수익을 가진다고 한다. 이 밖에 설탕, 면화 등을 생산하는 저개발국 농부들의 상황도 비슷한 실정이다.

이 때문에 현재 우리나라를 비롯한 많은 선진국의 소비자들은 값은 조금 비싸더라도 공정한 값을 지불하고 수입한 커피, 홍차, 유기농 제품 등을 구입하는 공정 무역에 참여하고 있다. 공정 무역이란 제품 생산 과정에 참여한 저개발국 생산자에게 적절한 보상이 이루어질 수 있도록 정당한 대가를 지불하고 물건을 구매하자는 사회 운동을 말한다.

저개발국 노동자들은 기본 근로 수당도 안 되는 헐값의 임금과 부당한 대우를 받으면서 일하고 있고, 심지어 싼 임금에 어린 아이의 노동력까지 동원되는 경우가 많다. 이러한 상황이 지속될 경우 전 세계 무역량이 폭발적으로 증가한다 하더라도 저개발국 생산자들은 빈곤에서 벗어나기가 어렵다. 공정 무역에 대한 필요성이 대두된 배경이 여기에 있다.

현재 세계 공정 무역 기구(WFTO)는 공정 무역 인증 마크를 통해서 소비자들이 어떠한 상품이 공정 무역을 통해서 만들어진 것인지 인식할 수 있는 기회를 제공해 주고 있다. 일상의 소비 생활만으로도 분배 정의를 실현하고 싶다면 공정 무역 인증 마크를 확인하는 습관을 가져 보는 것을 권하고 싶다.

32

환율이 오르면 누가 좋을까?

이번 여름 방학에는 우리 가족도 해외여행을 가기로 했다. 해외여행은 처음이라 들뜬 마음으로 가방을 싸는데 아빠가 한숨을 쉬며 말했다. "환율이 올라서 큰일이네. 가서 쫄쫄 굶겠는걸." 도대체 환율이 뭐지? 환율이 오르면 무조건 안 좋은 걸까?

환율이라는 단어는 우리에게 너무나 친숙한 단어이다. 우리나라의 경우 수출을 통해 먹고사는 국가여서 그런지 경제 뉴스에 가장 자주 등장하는 단어가 환율이다. 모처럼 가족끼리 해외여행을 갈 때나 방학 때 어학연수를 갈 때도 종종 듣게 되는 단어가 환율이다. 이때마다 환율이 매우 중요한 것처럼 느껴졌을 것이다. 하지만 신문이나 방송에서 언급한 환율 관련 기사의 내용을 이해하기란 좀처럼 쉽지 않다. 그렇다면 환율이란 정확히 무엇을 의미하며 우리 생활에 어떠한 의미를 갖고 있을까?

환율은 한마디로 '외국 돈의 가격'이라고 말할 수 있다. 편의점에서 일정한 가격을 지불하고 물건을 구매하듯이 세계 각국의 화폐 역시 일정 비용을 지불하고 구매할 수 있다. 이때 양국 화폐의 교환 비율이 바로 환율이다. 다시 말해 환율이란 외국 돈 1단위를 사는 데 우리나라 돈을 얼마나 주어야 할지를 결정하는 비율을 의미한다.

예를 들어 100달러를 구매하기 위해 우리나라 돈 10만 원을 지불해야 한다면, 원달러 환율은 1달러에 1천 원인 것이다. 반대로 해외여행 후 남은 200엔을 우리 돈으로 바꾸기 위해 은행에 가져갔더니 2천 원으로 바꿔 줬다면 원엔 환율은 1엔에 10원이다.

많은 사람들이 환율에 지속적으로 관심을 갖는 이유는 동일한 경제 활동을 수행했다 하더라도 환율에 따라 이익의 규모가 달라지거나 심지어 이익이 손실로 바뀔 수도 있기 때문이다. 예를 들어 원달러 환율이 1,000원에서 1,200원으로 상승했다고 가정해 보자. 이 경우 해외 수출을 통해 1달러를 벌어 와서 환전했을 때, 과거에는 1,000원으로 바꿔 주었던 것이 1,200원으로 바꿔 준다는 의미이다. 따라서 해당 기업은 환율 인상으로 인해 가만히 앉아서 200원의 추가 수익을 거둘 수 있게 된 것이다.

처음 떠나는 해외여행, 왜 하필 이때 환율이 오를까?

이에 반해 해외에서 물건을 수입하는 기업은 환율 인상으로 인해 손실을 볼 수 있다. 과거에는 1달러짜리 물건을 수입하기 위해서 1,000원만 지불하면 되었다. 하지만 원달러 환율이 1,200원으로 인상되었기 때문에 외국에서 1달러짜리 물건을 구매하기 위해서 1,200원을 지불해야 한다. 환율 인상 때문에 동일한 물건을 200원 더 줘야 구매할 수 있게 된 것이다. 이처럼 환율의 변화는 기업의 이익과 손실에 직접적인 영향을 미친다.

환율의 변화는 개인에게도 마찬가지로 영향을 끼친다. 해외에서 공부하는 자녀를 둔 부모들은 환율에 민감하다. 생활비를 보내야 하는데 환율이 오를 경우 이전 수준만큼의 생활비를 보내기 위해 더 많은 돈을 지불해야 한다. 해외여행을 갈 때도 환율이 오를 경우 여행에 더 많은 돈을 지불해야 한다. 하지만 환율이 상승할 경우 외국인들의 국내 여행이 증가하기 때문에 외국인을 상대로 장사를 하는 사람들에게는 반가운 소식일 수 있다.

이처럼 환율이 우리 생활에 직접적인 영향을 미치기 때문에 중앙은행은 환율 변화를 지속적으로 관찰하고 있으며, 이와 관련된 내용은 언론을 통해서 수시로 보도되고 있다. 우리가 환율이라는 단어를 자주 접하게 되는 이유가 여기에 있다.

'친숙한 것'과 '정확히 아는 것'은 전혀 다른 의미이다. 이제부터는 환율이라는 단어를 친숙함을 넘어 정확히 알고 사용할 줄 알아야 여러 국내외 경제 활동의 의미를 제대로 파악할 수 있게 될 것이다.

33

은행 전광판의 환율이 수시로 바뀌는 이유는?

힉-

롤러코스터를 탄거 같아!

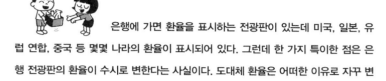

은행에 가면 환율을 표시하는 전광판이 있는데 미국, 일본, 유럽 연합, 중국 등 몇몇 나라의 환율이 표시되어 있다. 그런데 한 가지 특이한 점은 은행 전광판의 환율이 수시로 변한다는 사실이다. 도대체 환율은 어떠한 이유로 자꾸 변하는 걸까?

특정 나라와 교역을 하거나 왕래를 하려면 해당 국가의 화폐로 환전을 해야 하는데 이때 반드시 필요한 것이 환율이다. 양 국가의 화폐를 어떠한 비율로 교환해야 하는지를 알려 주어야 하기 때문이다. 따라서 환율이 결정되지 않으면 경제적으로 고립될 수밖에 없다. 때문에 은행에서는 우리나라와 빈번히 교류하는 주요 국가들과의 환율을 공지하고 있다.

일반적으로 시장에서 물건을 판매하고자 하는 사람보다 구매하고자 하는 사람이 많으면 가격이 올라가고, 반대로 물건을 구매하고자 하는 사람보다 판매하고자 하는 사람이 많으면 가격이 떨어진다. 외화 역시 마찬가지이다. 외환 시장에서의 매매에 따라 환율이 결정된다.

보다 구체적으로 설명하자면, 외화를 사고자 하는 외화 수요는 외화를 사용해야 할 사람이 많아지면 많아질수록 높아진다. 예를 들어 해외에서 수입해야 하는 물건이 많아지거나 해외여행을 가는 사람이 많아질 때 외화의 수요가 증가한다. 해외에 학비를 송금해야 할 사람이 많아지거나 외국 기업에 특허 사용료를 더 많이 지불해야 할 때도 외화의 수요가 증가한다. 이처럼 외화 수요가 증가할 경우 외국 화폐의 가격을 의미하는 환율은 올라가게 된다.

외환 시장이 24시간 작동한대서 잠도 안 자고 돈을 사고파는 줄 알았다

　외화를 팔고자 하는 외화 공급은 국내에 외화가 얼마나 많이 공급되는지에 따라 결정된다. 예를 들어 우리나라 기업이 해외 수출을 많이 하여 외화를 많이 벌어 올 경우 국내로 외화가 추가로 공급된다. 뿐만 아니라 외국인 관광객들이 많아지거나 외국인 투자자들이 국내 주식 시장에 투자 금액을 늘릴 경우에도 국내로 외화가 추가로 공급된다. 외국인 관광객이 국내에서 관광을 하면서 이런저런 소비 활동을 하기 위해서는 자신이 가진 화폐를 원화로 바꿔야 하며, 외국인 투자자들 또한 국내 주식을 사기 위해서 원화가 필요해진다. 이러한 과정을 거쳐 외화가 추가로 공급될 경우 상대적으로 국내 시장에 외화가 흔해져 외화의 가격인 환율이 낮아지게 된다.

　환율은 이러한 외화의 수요와 공급에 따라 수시로 바뀌게 된다. 특히 환율 수준을 결정하는 외화 시장은 일반적인 시장과는 달리 거래 시간에 제한이 있을 수 없다. 외국과 우리나라의 시차 때문에 외환 시장은 24시간 내내 작동된다. 이러한 이유로 환율은 시시각각 변화하며 은행은 이러한 변화를 즉각적으로 반영하여 거래에 활용하고 있다. 은행에 표시된 환율이 수시로 변하는 이유가 여기에 있다. 은행은 외환 시장에서 결정된 환율에 일정한 수수료를 붙여서 개인이나 기업과 거래한다.

외환 시장 외환 시장은 각국의 통화가 거래되고 시세가 이루어지는 시장이다. 구체적인 장소나 건물을 가지지 않고 당사자가 전화 등을 통해 거래하는 영미식의 일반 시장과 일정한 시각, 장소에 당사자가 매일 모여서 거래하는 대륙식의 환거래소 방식이 있다.

34

미국이 아닌데도
달러를
쓸 수 있는 이유는
?

156

해외여행을 나갈 때면 반드시 해야 할 일 중 하나가 환전이다. 우리나라 돈을 외국 돈으로 바꿔야 다른 나라에서 편하게 사용할 수 있기 때문이다. 그런데 환전을 할 때 현지 국가의 화폐가 아닌 달러로 환전을 하는 경우가 종종 있다. 미국에 가는 것도 아닌데 달러로 환전하는 이유는 뭘까?

현재 전 세계적으로 특정 국가 내지 지역을 대표하는 화폐는 100여 개에 이른다. 그런데 이들 화폐의 위상이 모두 동일한 것은 아니다. 이들 중에는 국가 간의 거래에 사용되는 통화가 따로 있는데, 이를 '기축 통화'라고 한다.

과거에는 국제적 거래에 주로 금과 은을 결제 수단으로 사용하였다. 특정 국가가 발행한 화폐는 그 가치가 어느 정도 수준인지 가늠하기도 어려울 뿐 아니라 간혹 전쟁 등으로 그 나라가 위기를 맞게 되면 해당 국가의 화폐는 일순간 종잇조각으로 변하기 때문에 그 가치를 믿을 수 없었다. 이러한 이유로 가치가 쉽게 변하지 않는 금과 은이 국제적 거래에 결제 수단으로 사용하게 된 것이다.

하지만 국가 간의 교역량이 비약적으로 증대되면서 무거운 금과 은은 더 이상 국제적 결제 수단으로 사용하기가 어려워졌다. 이러한 상황에서 금과 은처럼 그 가치를 믿고 활용할 수 있는 일부 국가의 화폐를 사용하기 시작하였다. 그 결과 세계 대전 이후 미국의 달러와 영국의 파운드화 등이 국제 거래의 결제 수단으로 대두되었다.

해외여행을 할 때 외국 상인들이 달러를 좋아하는 이유도 이와 동일하다. 저개발국의 경우에는 자국 화폐의 가치가 수시로 변하는 경우가 많다. 이러한 상황에서 판매한 물건의 제값을 받는 가장 손쉬운 방법은 가치가 쉽게 변하지 않는 금이나 은으로 받거나 아니면 국제적으로 공신력이 확보되어 있는 달러로 받는 것이다. 안타까운 현실이지만 외국인들에게 한국 화폐는 미국의 달러나 유럽의 유로화만큼의 공신력을 얻고 있지는 못한 상황이다.

66 동남아 여행 가면 99 자국 화폐보다 달러를 더 좋아한다던데, 정말일까?

그렇다면 수많은 통화 중 어떠한 통화가 기축 통화로 사용될 수 있을까? 특정 국가가 자국의 화폐를 기축 통화로 사용하길 희망한다고 해서 무조건 가능한 것은 아니다. 기축 통화가 되기 위해서는 경제 이외의 요인도 중요하다.

먼저 기축 통화를 보유한 국가가 되기 위해서는 군사적으로 안정된 국가여야 한다. 해당 국가가 외부 침략으로 인해 위태로워지면 그 국가의 통화를 안정적인 국제 거래에 사용하기 어렵다. 따라서 국가의 안정성을 유지할 수 있는 국방력, 외교력 등을 견

실히 갖출 필요가 있다.

또 해당 국가의 경제 규모 또한 커야 한다. 일반적으로 국가의 경제 규모가 클 경우, 해당 경제 규모에 걸맞은 교역 활동을 뒷받침하기 위해 그에 부합하는 통화량을 유통하게 된다. 국제 거래에 해당 국가의 통화가 사용되기 위해서는 통화량이 대량으로 유통되어야 한다. 이러한 국제적 유통량을 뒷받침할 만큼의 통화량을 발행할 수 있으려면 해당 국가의 경제 규모 또한 커야 하는 것이다.

정치적 안정도 빼놓을 수 없는 요소이다. 특정 국가의 경제 상황은 정치적 안정과 밀접한 관계가 있다. 해당 국가의 안정적인 통화 가치 역시 해당 국가의 정치적 안정이 뒷받침되어야 한다.

그동안 국제 사회는 달러, 유로화, 엔화 등을 기축 통화로 사용해 왔다. 최근에는 중국이 자국 화폐인 위안화를 기축 통화로 만들기 위해 갖은 노력을 기울이고 있다. 바로 이웃의 두 나라인 일본과 중국 모두 기축 통화를 갖게 될지도 모른다니 참으로 부러운 일이다. 우리 경제도 지금보다 발전하여 기축 통화를 갖게 되는 날이 하루 속히 왔으면 하는 바람이다.

7장

행복한 미래를 위한 경제학

35

동전 없는 세상은 가능할까?

동전,
바이~
바이~

찬밥
이구나…

인류가 동전을 처음 사용한 것은 기원전 600년경 소아시아 중서부의 리디아 왕국 시절부터라고 한다. 꽤 오랫동안 사용해 온 동전이지만, 지금은 너무 무겁고 불편하다. 게다가 10원짜리 동전을 만드는 데 20원이 넘게 든다고 한다. 과연 우리는 언제까지 동전을 사용하게 될까?

최근 여러 국가에서 동전 없는 사회를 만들기 위한 논의를 활발히 전개하고 있다. 스웨덴과 덴마크는 2030년까지 동전 없는 사회를 만들겠다고 밝혔으며, 이스라엘 또한 지난 2014년 '현금 없는 국가 추진 위원회'를 구성하여 미래 화폐에 대한 논의를 시작하였다. 캐나다와 홍콩, 싱가포르 등도 미래 사회의 화폐에 대한 논의를 다각적으로 펼치고 있다. 최근에는 비트코인과 같은 전자 화폐의 사용량 또한 크게 증가하고 있어 점점 동전이 설 자리가 좁아지고 있는 상황이다.

많은 국가에서 동전 없는 사회를 만들려는 이유는 다양하다. 그중에서 공통적으로 꼽히는 것은 동전을 만들고 관리하는 데 너무 많은 비용이 든다는 사실이다. 10원짜리 동전을 만드는 데 10원 이상의 돈이 든다는 걸 알고 있는 사람은 많지 않은 듯하다. 2006년 이전에는 구리 65%, 알루미늄 35%를 투입하여 10원짜리 동전 하나를 만드는 데 30~40원의 비용이 들었다. 2006년 이후에는 그나마 10원짜리 동전의 성분을 구리 48%, 알루미늄 52%로 변경하여 제조 원가를 다소 낮추었지만 그래도 10원짜리 동전을 만들기 위해 20원 정도를 투여해야 한다. 이처럼 동전은 액면가(10원)보다 비싼 금속으로 구성되다 보니, 2014년에는 10원짜리 동전을 녹여 동괴를 만든 후, 금속업체에 팔아 20억 원을 챙긴 범죄가 발생하기도 하였다.

동전 개수를 일정 수준으로 유지하기 위해서도 많은 비용이 발생된다. 2015년 기준으로 찌그러지거나 부식되어 폐기된 동전은 1750만 개로 매년 1500~2500만 개의 동전이 폐기된다. 한국은행은 동전을 새로 만드는 데 매년 600억 원가량을 지출하고 있다. 이처럼 우리가 동전을 계속 사용하기 위해서는 많은 비용을 지불해야 한다.

커다란 돼지 저금통에
동전을 모으는 게
좋은 일이 아니라는 걸
이제야 알다니!

동전 없는 사회를 만들어 현금 사용을 줄일 경우 세금 징수에도 유리하다. 신용 카드와 같은 금융 거래가 증가할 경우 거래의 투명성이 증가하면서 지하 경제를 양성화하여 세금 징수율이 높아질 수 있기 때문이다. 이 밖에도 현금이 없으면 강도를 당할 위험이 줄어든다는 점, 동전과 지폐를 만들지 않아도 돼서 환경 보호에 기여할 수 있다는 점, 전자 화폐 등 첨단 금융 거래를 발전시키는 계기가 될 수 있다는 점 등의 장점이 있다.

이러한 이유로 최근 우리나라도 한국은행이 동전 사용 및 휴대에 따른 국민들의 불편을 완화하고 유통 및 관리에 들어가는 사회적 비용을 절감하기 위해 '동전 없는 사회' 사업을 추진할 계획을 발표하였다. 국민들을 대상으로 한 설문 조사에서도 동전 없는 사회 추진에 찬성하는 의견이 반대하는 의견보다 두 배 이상 높은 것으로 확인되었다.

36

공정한 분배란 무엇일까?

경제 관련 기사나 책을 보면 늘 돈 얘기뿐인 듯하다. 어떻게 하면 제품을 더 많이 팔 수 있다거나, 어떻게 하면 돈을 더 많이 벌 수 있다는 얘기가 가득하다. 정작 벌어들인 수익을 어떻게 분배해야 공정한지에 대한 내용은 좀처럼 찾아보기 어렵다. 경제학은 분배 문제에 관심이 별로 없는 걸까?

사실 모든 경제학자들이 어떻게 하면 더 많은 이윤을 달성할 수 있을까 하는 문제 못지않게 벌어들인 수익을 공정하게 분배하는 문제에 대해서도 관심이 많다. 그럼에도 불구하고 우리가 접하는 경제 교과서나 책의 내용들은 어떻게 하면 더 많은 돈을 벌 수 있을지에 대한 내용으로 치우쳐 있다.

왜 이 같은 현상이 벌어졌을까? 그것은 어떠한 상태가 공정한 분배인지에 대한 합의된 의견이 도출되지 못했기 때문이다. 이윤의 경우, 어떠한 상태가 더 많은 이윤을 확보했는지를 비교적 쉽게 확인할 수 있다. 얼마의 비용을 투여하여 얼마의 수익을 거두었는지를 비교함으로써, 혹은 얼마만큼의 생산 요소를 투여하여 얼마만큼의 산출물을 얻었는지를 확인함으로써 쉽게 평가할 수 있다.

하지만 공정한 분배란 그리 간단하지 않다. 가장 먼저 무엇이 공정한 것인지에 대한 명확한 개념 규정조차 쉽지가 않다. 결과가 균등하다고 해서 형평에 맞는 것은 아니다. 열심히 일한 사람과 그렇지 않은 사람을 기여도와 상관없이 동일하게 대우하는 것은 공정하지 않기 때문이다.

다 같이 적게 먹는 건 괜찮지만 부당하게 적게 먹는 건 참기 힘들다

　그렇다고 기회의 균등을 형평성의 기준이라고 쉽게 말할 수도 없다. 태어날 때부터 상이한 경제 환경 속에서 살아온 사람들 모두에게 동일한 기회가 주어졌다고 해서 그 사회를 형평에 맞는 사회라고 말할 수 없기 때문이다. 다시 말해 개인의 능력과 노력의 차이, 증여와 상속의 차이, 교육 및 훈련 기회의 차이 등을 고려하지 않고 획일적으로 주어진 기회가 공정한 상태라고 선뜻 동의하기란 쉽지 않다.

　이처럼 분배 문제를 논의하기에 앞서 무엇이 공정한 것인지에 대한 근본적인 공감대가 형성되지 못한 상황에서 분배에 대한 경제학적 연구가 원활히 수행되기란 쉽지 않았을 것이다. 이러한 이유로 인해 경제학은 분배 문제에 대한 연구보다 수익이나 이윤과 관련된 연구들이 주로 수행되었고, 경제학자들 또한 사회 현안 문제에 대해 논의할 때 형평성보다는 효율성의 관점에서 논의를 전개하는 경향이 많아졌다. 이 때문에 19세기 영국의 문필가 토머스 칼라일은 "경제학은 우울한 과학이다"라고 언급한 바 있다.

그동안 경제학은 눈부신 발전을 거듭해 왔다. 하지만 경제학은 아직까지 '우울한 과학'이라는 별명을 벗어 버릴 만큼 형평성 내지 분배 문제에 대한 획기적인 이론이나 논의가 이루어지지는 못한 듯하다. 수많은 천재 경제학자들이 이윤과 생산성 측면에서의 경제학을 발전시켜 왔다. 이제는 형평성 측면에서도 눈부신 업적을 이루어 내 경제학이 우울한 과학이라는 불명예를 벗어나게 해 줄 위대한 경제학자가 나오기를 손꼽아 기다려 본다.

37 자원이 부족한 우리나라의 미래는 괜찮을까?

자원이 많다고 꼭 좋은 건 아냐!

허리 부러지겠...

흔히 우리나라를 '석유 한 방울 안 나는 나라'라고 한다. 그만큼 우리나라가 자원이 부족한 국가라는 의미이다. 실제로 우리나라는 생활에 필요한 대부분의 필수 자원을 해외에 의존하고 있다. 이렇게 자원이 부족한데 과연 우리나라의 미래는 괜찮을까?

우리나라는 석유, 천연가스 등 에너지 자원의 97%를 수입에 의존하고, 목재는 85% 이상, 금속 광물은 99% 이상 수입에 의존한다. 그런데 정작 우리 국민의 1인당 에너지 소비 수준은 세계 8위에 해당한다. 특히 최근 들어 다양한 모바일 기기의 보급으로 국민 한 사람이 소비하는 자원이 더욱 늘어나고 있다. 부족한 자원의 확보는 우리나라 경제에서 가장 중요한 문제 가운데 하나이다.

경제 활동을 원활히 수행하는 데 있어 자원은 반드시 필요하다. 과거 농경 시대에는 경제 활동을 하는 데 있어 토지가 무엇보다 중요한 자원이었다. 때문에 19세기 이전까지만 해도 가장 경제적으로 번성한 국가들은 비옥한 토지를 소유한 국가들이었다. 영국 옥스퍼드 대학과 미국 하버드 대학의 공동 연구에 따르면, 1870년대에는 신대륙인 호주, 미국, 캐나다의 국민들이 유럽의 국민들보다 더 잘살았다고 한다. 이는 신대륙에서 발견된 금광이나 은광 때문이 아니라 신대륙의 비옥하고 풍부한 토지 때문이었다. 이처럼 농경 사회에서 경제적 부를 거두는 가장 대표적인 수단이 바로 토지였다.

하지만 산업화가 진행되면서 천연자원의 중요성이 대두되기 시작하였다. 일반적으로 천연자원을 많이 보유한 국가들이 경제적으로 부강한 국가로 부상할 것이라는 전망이 지배적이었다. 실제로 대표적인 천연자원인 석탄은 18세기 철강 생산량을 획기적으로 늘리는 데 크게 기여하였다. 또한 석탄을 사용한 증기 기관은 공장을 가동하거나 기차나 선박을 움직이는 중요한 수단이었다. 다시 말해 석탄은 교역과 경제 활동의 중요한 촉매제가 되었던 것이다.

우리나라는 자원의 저주도 자원의 축복도 없다. 그래도 경제 성장을 했잖아

하지만 천연자원을 보유하고 있다고 해서 항상 경제 성장을 달성한 것은 아니다. 풍부한 천연자원을 보유하고 있던 이집트(면화), 칠레(구리), 쿠바(설탕), 페루(구아노) 등 많은 국가들이 경제 성장을 달성하는 데 실패했다. 오히려 빈약한 천연자원을 보유하고 있던 우리나라를 비롯하여 일본, 대만 등의 국가들이 높은 경제 성장을 달성하였다.

그러자 풍부한 자원이 해당 국가의 경제 발전에 촉매제 역할을 할 것이라는 기대와는 달리 오히려 경제 성장을 저해하는 요인이 되는 것은 아닌지에 대한 논의가 전개되기 시작하였다. 이를 흔히 '자원의 저주(Resource Curse)'라 한다.

풍부한 천연자원을 보유한 국가들이 경제 성장을 달성하지 못하는 자원의 저주를 겪는 이유는 무엇일까? 풍부한 자원이 오히려 산업 구조를 왜곡시키는 요인으로 작용했기 때문이다. 풍부한 천연자원을 확보한 국가들은 자국 내에서 필요한 여러 소비재 내지 생산재를 외국에서 수입해 오는 경우가 많다. 이렇게 제조업 제품을 수입에 의존하게 되면 이와 관련된 자국의 산업이 위축되기 쉽다.

실제로 1960년대 네덜란드는 해안 지역에서 천연가스가 발굴되자 오히려 제조업의 위축을 경험하게 되었다. 이러한 현상을 '네덜란드병(Dutch Disease)'이라고 한다. 과거 대항해 시대 스페인은 남아메리카로부터 막대한 금과 은을 약탈해 왔고, 이러한 금과 은을 다른 유럽 국가에 지불하고 제조업 제품을 수입했다. 하지만 신대륙으로부터 유입되는 금과 은이 차단되면서 스페인 역시 극심한 경기 침체를 경험했다.

자원의 저주 에너지, 식량 등 자원이 풍부한 국가일수록 경제 성장이 둔화되고, 국민의 삶의 질이 낮아지는 현상을 자원의 저주라 일컫는다. 자원의 수출로 얻은 이익이 공정하게 분배되지 못하고 일부 계층이 독점하기 때문에 주로 발생하는 현상이다. 이런 나라들은 인플레이션이 심해지고, 국민들의 시위 등 사회적 긴장이 고조된다.

우리는 이러한 사실을 통해서 경제 발전에 있어 자원 보유 여부보다는 보유한 자원을 어떻게 활용하는지가 더욱 중요하다는 것을 쉽게 확인할 수 있다. 북한 역시 우리보다 풍부한 지하자원을 확보한 곳이지만 경제적 성과를 달성하지는 못하고 있다. 이 사실만으로도 경제 성장과 천연자원의 관계는 쉽게 설명되지 않을까?

돈을 버는 것보다 쓰는 걸 고민하는 회사가 있다고?

인터넷에 들어가 보면 사람들이 칭찬하는 기업들이 있다. 좋은 기업, 착한 기업이라고 칭송하고, 그 기업 제품을 사용하자고 한다. 반대로 욕을 많이 먹는 기업들도 있는데, 그 기업 제품에 대한 대대적인 불매 운동이 벌어지곤 한다. 좋은 기업은 어떤 기업일까?

대부분의 회사들은 어떻게 하면 돈을 더 잘 벌 수 있을까를 고민한다. 하지만 돈을 버는 것이 목적이 아니라 기업 활동을 통해 벌어들인 수익을 어떻게 써야 할지 고민하는 기업들이 새로이 대두되고 있다. 주주나 구성원들의 이익을 우선적으로 추구하는 기업과 달리 사회적 목적 내지 지역 공동체를 우선적으로 고려하는 기업을 '사회적 기업'이라 한다.

사회적 기업이 일반 기업과 어떻게 다른지 예를 들어 설명하자면, 일반 기업은 빵을 만들어 팔아 영리를 추구하기 위해 사람을 고용하지만 사회적 기업은 취약 계층 고용이라는 선한 목적을 실현하기 위해 빵을 만드는 기업을 의미한다. 즉 일반 기업은 기업의 일차적인 목적이 영리 추구에 있지만, 사회적 기업은 기업의 일차적인 목적이 공공의 가치를 추구하는 데 있다.

사회적 기업 우리나라는 2007년부터 사회적 기업이 시작되어 현재 1,700여 개의 사회적 기업이 활동하고 있으며 사회적 경제 영역인 협동조합·마을 기업 등도 활성화됐다. 우리나라의 사회적 기업 매출 규모는 2조 원 정도로 매우 낮은 수준이다. 전체 근로자 중 60% 이상은 장애인·고령자·저소득자 등 취약 계층이다.

그렇다고 해서 사회적 기업이 비영리 법인을 의미하지는 않는다. 비영리 법인의 경우 수익을 추구하는 영리 행위 자체를 수행할 수 없다. 하지만 사회적 기업은 일반 기업처럼 영리 행위를 추구하면서 이익의 상당 부분을 공익적인 목적에 활용한다는 데 차이가 있다. 그렇다고 일반 기업이 이익의 일부를 기부 등의 형태로 공익 활동에 사용했다고 해서 사회적 기업이 되는 것은 아니다. 일반 기업의 경우 이익의 일부를 얼마만큼 공익에 사용할지를 스스로 결정하지만, 사회적 기업은 법으로 정해져 있어 반드시 공익적인 목적으로 사용해야 한다. 우리나라 상법에 따르면 사회적 기업은 전체 이윤의 3분의 2 이상을 사회적 목적 실현을 위해 재투자해야 한다.

최근 우리 사회에서 사회적 기업에 대한 관심이 고조되고 있는데, 이러한 사회적 분위기는 찰스 디킨스가 소설 『크리스마스 캐럴』을 집필했을 당시의 상황과 매우 흡사하다. 그 무렵 영국에서는 많은 사람들이 산업 혁명을 겪으며 경제적으로 고통받고 있었다. 많은 사람들이 일자리를 잃고 거리에 나앉게 되었고, 어렵게 공장에서 일할 기회를 얻은 사람들 또한 열악한 노동 환경으로 인해 고통받아야 했다. 당시 영국의 대표적인 공업 도시인 맨체스터 빈민가에 사는 사람들의 평균 수명이 17세였다는 사실은 당시 상황이 얼마나 열악했는지 쉽게 확인시켜 준다.

고통받고 있던 것은 노동자들만이 아니었다. 소설가 찰스 디킨스 역시 다섯 번째 아이의 출산을 앞두고 있었고 많은 빚 때문에 집안 형편이 매우 어려웠다고 한다. 그는 집필 당시 울다 웃으며, 한밤중에 런던 거리를 정처 없이 걸어 다닐 만큼 정서적으로 불안했음을 토로한 바 있다.

기업이 나쁜 일을 하면 그 기업 물건을 사지 말자

이러한 디킨스에게 당시 기업가들이 어떠한 모습으로 비쳐졌는지는 『크리스마스 캐럴』의 주인공에 잘 투영되어 있다. 『크리스마스 캐럴』의 주인공은 너무나도 유명한 스크루지다. 스크루지는 물질적으로 성공한 기업인이지만 크리스마스에도 함께 지낼 친구나 가족조차 없다. 주변 사람에 대한 배려 없이 오로지 자신만을 위해 살아왔기 때문이다.

스크루지는 크리스마스 전날 밤 꿈속에서 자신이 회사 직원이나 지인들을 얼마나 불행하게 만들었는지 생생히 목격하게 된다. 젊은 시절 사랑했던 연인이 돈만을 중시했던 자신에게 실망해서 떠났던 장면도 다시 마주하게 된다.

결국 스크루지는 그동안 영리만을 추구해 커다란 부를 거두었지만, 주위 사람들에게는 불행을 안겨 주고 있었다는 사실을 깨닫고, 주위 사람들과 더불어 살기로 마음먹는다. 그는 직원 가족들을 위해 커다란 칠면조를 선물하고 다리가 불편한 직원의 막내 아들을 돕는다. 이 과정에서 스크루지는 물질적 이익만을 추구했던 예전에는 느낄 수 없었던 커다란 만족감을 얻게 된다.

우리는 여기서 사회적 기업을 지속 가능하게 만드는 근원적인 동인을 찾을 수 있다. 사회적 기업의 창업자들은 금전적인 이익은 다소 적을지라도 사회에 기여하고 있다는 자긍심과 만족감을 얻게 된다. 사회적 기업에서 만든 제품이나 서비스를 이용하는 고객 역시 마찬가지이다. 고객들은 선의의 목적 아래 만들어진 제품을 구매함으로써 사회에 공헌할 수 있는 기회를 얻게 된다. 사회적 기업이 유지될 수 있는 근원적 요인이 바로 여기에 있다.

찰스 디킨스는 소설의 결말을 자신의 이익만을 추구하던 기업가가 주변 사람들과 더불어 살아가면서 또 다른 즐거움과 만족감을 얻게 되는 모습으로 마무리한다. 그리고 이러한 디킨스의 상상력은 오늘날 사회적 기업을 통해 얼마든지 실현 가능한 일이었음이 확인되었다. 이런 의미에서 사회적 기업에 대한 아이디어 특허권은 디킨스에게 있는 게 아닐까 싶다.

39

우리나라 GDP는 12위인데, 왜 행복 순위는 56위일까?

행복은 GDP 순이 아니라고옷!

행복 순위↓

GDP

우리 삶의 궁극적인 목적은 자신의 행복을 추구하는 데 있다. 따라서 우리가 일상생활에서 수행하는 다양한 경제 활동 역시 이러한 범주에서 크게 벗어나지 않는다. 국가 경제 시스템은 우리가 보다 행복한 삶을 사는 데 도움을 주는 형태여야 할 것이다. 그렇다면 전 세계 수많은 나라 중에서 어떤 나라가 가장 행복한 나라일까?

UN에서는 정기적으로 전 세계 국가를 대상으로 행복한 나라 순위를 발표하고 있다. 2017년 UN의 발표 내용에 따르면, 세계에서 가장 행복한 국가 1위는 노르웨이이다. 2위는 2016년 1위를 차지한 덴마크였으며, 그 뒤를 이어 아이슬란드(3위), 스위스(4위), 핀란드(5위) 등이 최상위권을 차지했다. 유럽을 제외한 다른 지역에서는 북미 지역의 캐나다가 7위를 오세아니아 지역의 뉴질랜드와 호주가 각각 8위와 9위를 차지하면서 상위권을 기록하였다. 이러한 국가들과 달리 부룬디(154위), 탄자니아(153위), 시리아(152위), 르완다(151위), 토고(150위) 등이 최하위권을 기록하였다.

이상에서 열거한 국가별 행복 순위 결과를 살펴보면, 한 가지 공통점을 확인할 수 있다. 그것은 행복도가 높은 국가들은 세계적으로 국민 소득이 높은 국가들인 데 반해, 행복도가 낮은 국가들은 국민 소득이 최하위권 국가들이라는 사실이다.

가장 행복한 국가로 꼽힌 노르웨이는 세계에서 3번째로 1인당 국민 소득이 높은 국가이며, 2위인 덴마크는 1인당 국민 소득이 10번째로 높은 국가이다. 이 밖에도 행복한 국가로 꼽힌 스위스, 아이슬란드, 핀란드 모두 세계에서 아주 높은 1인당 국민 소득을 기록하고 있다.

이에 반해 행복도 순위에서 최하위권 국가로 꼽힌 나라들의 경우에는 1인당 국민 소득도 하위권을 기록하는 국가들이다. 행복도 순위에서 최하위에 꼽힌 부룬디는 1인당 국민 소득도 최하위인 세계 185위에 해당한다. 이 밖에 탄자니아는 158위, 르완다 163위, 토고 176위로 1인당 국민 소득 부분에서 최하위권에 해당하는 국가들이다(IMF 2017년 기준).

자꾸 공부만 하라고 하고 경쟁이 너무 심해서 행복하지 않다

이러한 일련의 통계 결과는 우리에게 중요한 시사점을 제공한다. 특정 국가의 국민이 행복하기 위해서는 일정 수준 이상의 경제력이 반드시 뒷받침되어야 한다는 사실이다. 기초적인 경제력을 확보하지 못할 경우 기아, 빈곤에 허덕이게 된다. 또한 건강과 안전을 유지하면서, 다양한 문화적, 교육적 혜택을 누리며 살기 위해서는 그에 부합하는 경제력이 필요하다.

하지만 경제력을 확보했다고 해서 무조건 행복해지는 것은 결코 아니다. 만약 경제력에 따라 행복이 결정된다면, 1인당 국민 소득 순위와 국가별 행복 순위 결과는 똑같아야 할 것이다. 이 두 순위가 서로 다른 이유는 경제력 이외에 행복을 좌우하는 요인들이 많기 때문이다. 경제학자들은 행복한 나라를 만드는 조건으로 높은 사회적 신뢰, 낮은 소득 불균등, 쾌적한 자연 환경 등을 꼽고 있다. 이러한 요소들은 경제 성장으로 달성할 수 있는 요인들이 아니다.

UN에서 수행한 국가별 행복 순위에서 우리나라는 56위를 기록하였다. 우리나라는 세계에서 12번째에 해당하는 경제 규모를 자랑하고 있으며, 1인당 국민 소득 역시 세계 30위에 해당한다. 그럼에도 불구하고 이러한 수치보다 낮은 56위에 해당하는 행복도를 보인 것은 지금 우리에게 부족한 것이 무엇인지를 단적으로 보여 준다. 지금까지 우리가 행복한 삶을 누리기 위한 경제적 토대를 구축하기 위해 노력해 왔다면, 이제부터는 함께 더불어 사는 사회를 만드는 데 보다 큰 관심을 기울여야 할 것이다.

40

경제학이 행복을 가르쳐 준다고?

많은 사람들이 경제학은 물질적인 이윤 극대화를 추구하는 학문이라고 생각한다. 이러한 선입견으로 인해 경제 공부를 시작하는 대부분의 사람들은 돈을 많이 벌 수 있는 방법 내지 더 높은 수익을 올릴 수 있는 투자 비법 등을 배울 것이라 기대한다. 정말 경제학은 금전적 이익만을 추구하는 학문일까?

이러한 질문에 대한 답으로 오 헨리의 단편 소설『크리스마스 선물』은 적절한 소재일 것이다.『크리스마스 선물』은 크리스마스를 앞둔 가난한 부부의 이야기이다. 아내 델라와 남편 짐은 서로를 그 누구보다 아끼고 사랑한다. 하지만 크리스마스를 앞두고 델라는 남편 선물을 살 돈이 없어 안타까워한다. 어떻게 하면 남편에게 크리스마스 선물을 사 줄 수 있을까 고민하다 자신이 아끼는 긴 머리카락을 떠올린다. 델라는 가발 가게에서 자신의 아름다운 머리카락을 자르고 20달러를 받는다. 그리고 그 돈으로 남편이 아끼는 금시계의 시곗줄을 구입하고 집에 돌아와 즐거운 마음으로 남편을 기다린다.

집에 돌아온 짐은 아내의 짧은 머리를 보고 깜짝 놀란다. 놀란 남편에게 델라는 화났느냐고 물어보면서 자신의 머리카락을 팔아 준비한 시곗줄을 보여 준다. 이에 짐 역시 말없이 자신이 준비한 크리스마스 선물을 보여 준다. 짐이 준비한 크리스마스 선물은 아내의 긴 머리카락을 위한 머리핀이었다. 짐 역시 아내에게 줄 선물을 마련하기 위해 자신이 아끼던 시계를 팔아 머리핀을 샀

185

던 것이다. 델라와 짐은 머리핀과 시곗줄을 보며, 비록 이제는 쓸 모없어진 물건이지만 서로가 서로를 얼마나 사랑하는지 확인하고 그 어느 때보다 행복한 크리스마스를 보낸다.

누군가에게 도움을 주면 정말 뿌듯하고 기쁘다

델라와 짐의 이야기를 읽고 불필요한 일에 자신의 돈을 낭비했다고 지탄하는 사람은 아마 없을 것이다. 오히려 주고받은 선물을 통해서 상대방을 생각하는 마음이 충분히 전달되었다고 흐뭇해하는 사람들이 대부분일 것이다. 경제학자 역시 마찬가지다.

물론 많은 경우 우리는 자신의 물질적 이익을 추구하는 것이 사실이다. 하지만 경제학에서는 인간이 추구하는 궁극적인 목표를 물질적 이윤 극대화로 보지 않는다. 보다 궁극적인 목표는 자신의 만족을 극대화하는 데 있다고 설명한다. 자신의 금전적인 부분은 다소 손해를 보더라도 보다 가치 있는 일을 위해 돈을 쓰는 경우가 많기 때문이다.

가난한 사람을 돕기 위해 기부하는 사람들이라든가, 고아원, 양로원 등에서 자신의 귀한 시간을 들여 자원봉사를 하는 사람들의 행위는 이윤 극대화의 관점으로는 설명하기 어렵다.

이처럼 우리는 다소 손해를 감수하면서도 누군가에게 도움을 주는 과정에서 즐거움 내지 만족감을 얻을 수 있다. 경제학은 이러한 사실에 주목하였다. 우리 인간은 돈을 더 많이 벌어 만족감을 느끼기도 하지만, 때로는 봉사나 기부 등을 통해서도 만족감을 느끼기도 한다. 결국 이러한 인간의 양면적인 모습을 설명할 수 있는 가장 유용한 방법은, 우리가 이윤을 극대화하는 것이 아니라 자신의 만족을 극대화하는 방식으로 행동하고 있다고 설명하는 것이다.

이런 의미에서 경제학은 돈을 더 많이 벌 수 있는 방법을 가르쳐 주는 학문이 아니라 개개인이 보다 행복한 삶을 살아가는 방법을 가르쳐 주는 학문일지도 모른다. 우리가 경제학을 반드시 배워야 할 진짜 이유도 바로 여기에 있다.

코끼리의 멸종을 막은 것은 경제학이었다?

1970년대 후반 한때 코끼리가 멸종 위기에 직면한 적이 있었다. 코끼리가 많이 서식하는 케냐, 탄자니아, 짐바브웨 등 아프리카 주요 국가에서 코끼리 상아를 구하기 위해 불법 밀렵이 성행했기 때문이다. 코끼리 위턱에 있는 상아가 고급 재료로 비싼 값에 거래되자 밀렵꾼들이 마구잡이로 코끼리를 사냥하였다.

이러한 사실에 주목한 국제 사회는 아프리카 국가들에게 코끼리를 보호하기 위한 조치를 강력히 요구하였고, 이에 여러 아프리카 국가들은 코끼리를 지키기 위해 나름의 방법들을 모색하기 시작했다.

이 과정에서 대부분의 국가들은 코끼리 밀렵을 방지하기 위해 코끼리 사냥을 전면 금지하는 조치를 강행하였다. 하지만 코끼리를 지키기 위한 사냥 금지 조치에도 불구하고 코끼리 개체 수가 계속 감소하였다.

대표적으로 케냐의 경우에는 1979년 코끼리 개체 수가 6만 5천 마리였지만, 사냥 금지 조치를 실시한 10년 뒤인 1989년에는 코끼리가 1만 9천여 마리까지 줄어든 것이다. 사냥 금지 조치에도 불구하고 코끼리가 계속 줄어든 이유는 상아 거래를 불법화하자 상아 가격이 크게 상승했기 때문이다. 이러한 상아 가격의 급상승은 오히려 코끼리 밀렵을 촉진하게 되었다. 단속만 피하면 이전과는 달리 아주 큰돈을 벌 수 있었기 때문이다.

주민들 역시 정부의 코끼리 밀렵 단속에 적극 협조하지는 않았다. 코끼리가 자신들의 농작물을 먹어 치워 피해를 주는 주범이었기 때문이다. 따라서 밀렵꾼이 나타나도 주민들은 굳이 경찰에 신고하지 않았던 것이다. 이러한 상황은 케냐뿐 아니라 여타 아프리카 국가들 역시 비슷해서 대부분의 국가에서 코끼리 개체 수가 계속해서 감소하였다.

흥미로운 사실은 정작 코끼리 사냥을 금지하지 않은 짐바브웨에서는 오히려 코끼리 개체 수가 증가하였다는 사실이다. 짐바브웨의 코끼리 수는 1979년 3만 마리에서 1989년 4만 3천 마리로 오히려 증가하였다. 도대체 어떻게 된 일일까?

짐바브웨는 케냐와는 전혀 다른 정책을 실시하고 있었다. 짐바브웨는 코끼리를 서식지 주변의 주민들에게 분양해 주고 그들의 사유 재산으로 인정해 주었다. 그리고 코끼리 개체 수가 증가하여 일정 수준 이상이 되면 코끼리 상아와 가죽을 판매할 수 있는 권한을 부여해 주었다. 그러자 코끼리를 분양받은 주민들은 자신의 사유 재산인 코끼리를 정성껏 키우기 시작했다. 주변에 이상한 사람이 나타나면 밀렵꾼일지도 모른다는 생각에 경찰에 신고하는 등 코끼리 밀렵을 단속하는 데도 적극 협조하였다. 이는 코끼리를 잘 키워 개체 수를 늘리면 나중에 상아를 팔아 큰돈을 벌수 있다는 생각 때문이었다.

결국 짐바브웨에서는 코끼리 개체 수가 증가하여 코끼리 상아 판매가 주민들의 주요 소득원이 되었다. 이러한 과정 속에서 멸종 위기까지 몰렸던 코끼리 수가 11만 마리까지 늘어나는 기적 같은 일이 일어났다. 결국 코끼리를 지킨 것은 사냥 금지와 같은 인위적인 조치가 아니라 사람들을 경제적으로 끌어들이는 구조와 경제 원리를 이해한 정책 덕분이었다.

우리가 경제학을 배워야 할 이유 또한 여기에 있다. 우리는 살아가면서 다양한 문제에 봉착하게 될 것이다. 그리고 어떤 문제는 좀처럼 해결의 실마리를 찾기 어려울 것이다. 이때마다 우리에게 이러한 문제를 해결할 지혜와 통찰력을 제공해 주는 것이 바로 경제학이다. 경제학은 내가 어떤 행동을 왜 하게 되었는지를 설명해 줄 뿐만 아니라 다른 사람들의 행동을 이해할 수 있는 지혜를 제공해 준다. 나와 나를 둘러싼 주변 환경에 대한 이해는 문제를 풀기 위해 반드시 갖추어야 할 덕목일 것이다.

이런 점에서 경제학은 코끼리를 보호할 수 있는 힘뿐만 아니라 나를 지켜 내고, 내가 살아가는 사회를 지켜 낼 수 있는 지혜를 제공해 줄 것이다. 이 책이 이러한 지혜를 얻을 수 있는 기회가 되었으면 좋겠다.

질문하는 사회 04

재미없는 영화, 끝까지 보는 게 좋을까?

초판 1쇄 발행 2017년 10월 27일
초판 6쇄 발행 2021년 3월 29일

지은이 박정호 그린이 이우일
펴낸이 이수미
편집 이해선
북 디자인 신병근
마케팅 김영란

종이 세종페이퍼 인쇄 두성피엔엘 유통 신영북스

펴낸곳 나무를 심는 사람들
출판신고 2013년 1월 7일 제2013-000004호
주소 서울시 용산구 서빙고로 35. 103-804
전화 02-3141-2233 팩스 02-3141-2257
이메일 nasimsabooks@naver.com
블로그 blog.naver.com/nasimsabooks

ⓒ 박정호, 2017
ISBN 979-11-86361-51-1
       979-11-86361-44-3(세트)

• 이 도서의 국립중앙도서관 출판시도서목록(CIP)은
  서지정보유통지원시스템 홈페이지(http://seoji.no.go.kr)와
  국가자료공동목록시스템(http://www.nl.go.kr/cip.php)에서 이용하실 수 있습니다.
  (CIP제어번호:CIP 2017024829)

• 책값은 뒤표지에 있습니다. 잘못된 책은 바꾸어 드립니다.